社会风俗系列

丧葬史话

A Brief History of Funeral and Burial Practice in China

张捷夫 / 著

社会科学文献出版社
SOCIAL SCIENCES ACADEMIC PRESS (CHINA)

图书在版编目（CIP）数据

丧葬史话/张捷夫著. —北京：社会科学文献出版社，2011.8
（中国史话）
ISBN 978 - 7 - 5097 - 2557 - 3

I.①丧… II.①张… III.①葬俗 - 风俗习惯史 - 中国 IV.①K892.22

中国版本图书馆 CIP 数据核字（2011）第 142789 号

"十二五"国家重点出版规划项目

中国史话·社会风俗系列

丧葬史话

著　　者／张捷夫

出 版 人／谢寿光
总 编 辑／邹东涛
出 版 者／社会科学文献出版社
地　　址／北京市西城区北三环中路甲 29 号院 3 号楼华龙大厦
邮政编码／100029

责任部门／人文科学图书事业部　（010）59367215
电子信箱／renwen@ ssap. cn
责任编辑／赵子光　赵　亦
责任校对／李晨光
责任印制／岳　阳
总 经 销／社会科学文献出版社发行部
　　　　　（010）59367081　59367089
读者服务／读者服务中心（010）59367028

印　　装／北京画中画印刷有限公司
开　　本／889mm × 1194mm　1/32　印张／5.875
版　　次／2011 年 8 月第 1 版　　字数／109 千字
印　　次／2011 年 8 月第 1 次印刷
书　　号／ISBN 978 - 7 - 5097 - 2557 - 3
定　　价／15.00 元

总　序

　　中国是一个有着悠久文化历史的古老国度，从传说中的三皇五帝到中华人民共和国的建立，生活在这片土地上的人们从来都没有停止过探寻、创造的脚步。长沙马王堆出土的轻若烟雾、薄如蝉翼的素纱衣向世人昭示着古人在丝绸纺织、制作方面所达到的高度；敦煌莫高窟近五百个洞窟中的两千多尊彩塑雕像和大量的彩绘壁画又向世人显示了古人在雕塑和绘画方面所取得的成绩；还有青铜器、唐三彩、园林建筑、宫殿建筑，以及书法、诗歌、茶道、中医等物质与非物质文化遗产，它们无不向世人展示了中华五千年文化的灿烂与辉煌，展示了中国这一古老国度的魅力与绚烂。这是一份宝贵的遗产，值得我们每一位炎黄子孙珍视。

　　历史不会永远眷顾任何一个民族或一个国家，当世界进入近代之时，曾经一千多年雄踞世界发展高峰的古老中国，从巅峰跌落。1840 年鸦片战争的炮声打破了清帝国“天朝上国”的迷梦，从此中国沦为被列强宰割的羔羊。一个个不平等条约的签订，不仅使中国大量的白银外流，更使中国的领土一步步被列强侵占，国库亏空，民不聊生。东方古国曾经拥有的辉煌，也随着西方列强坚船利炮的轰击而烟消云散，中国一步步堕入了半殖民地的深渊。不甘屈服的中国人民也由此开始了救国救民、富国图强的抗争之路。从洋务运动到维新变法，从太平天国到辛亥革命，从五四运动到中国共产党领导的新民主主义革命，中国人民屡败屡战，终于认识到了"只有社会主义才能救中国，只有社会主义才能发展中国"这一道理。中国共产党领导中国人民推倒三座大山，建立了新中国，从此饱受屈辱与蹂躏的中国人民站起来了。古老的中国焕发出新的生机与活力，摆脱了任人宰割与欺侮的历史，屹立于世界民族之林。每一位中华儿女应当了解中华民族数千年的文明史，也应当牢记鸦片战争以来一百多年民族屈辱的历史。

当我们步入全球化大潮的 21 世纪，信息技术革命迅猛发展，地区之间的交流壁垒被互联网之类的新兴交流工具所打破，世界的多元性展示在世人面前。世界上任何一个区域都不可避免地存在着两种以上文化的交汇与碰撞，但不可否认的是，近些年来，随着市场经济的大潮，西方文化扑面而来，有些人唯西方为时尚，把民族的传统丢在一边。大批年轻人甚至比西方人还热衷于圣诞节、情人节与洋快餐，对我国各民族的重大节日以及中国历史的基本知识却茫然无知，这是中华民族实现复兴大业中的重大忧患。

中国之所以为中国，中华民族之所以历数千年而不分离，根基就在于五千年来一脉相传的中华文明。如果丢弃了千百年来一脉相承的文化，任凭外来文化随意浸染，很难设想 13 亿中国人到哪里去寻找民族向心力和凝聚力。在推进社会主义现代化、实现民族复兴的伟大事业中，大力弘扬优秀的中华民族文化和民族精神，弘扬中华文化的爱国主义传统和民族自尊意识，在建设中国特色社会主义的进程中，构建具有中国特色的文化价值体系，光大中华民族的优秀传统文化是一件任重而道远的事业。

当前，我国进入了经济体制深刻变革、社会结构深刻变动、利益格局深刻调整、思想观念深刻变化的新的历史时期。面对新的历史任务和来自各方的新挑战，全党和全国人民都需要学习和把握社会主义核心价值体系，进一步形成全社会共同的理想信念和道德规范，打牢全党全国各族人民团结奋斗的思想道德基础，形成全民族奋发向上的精神力量，这是我们建设社会主义和谐社会的思想保证。中国社会科学院作为国家社会科学研究的机构，有责任为此作出贡献。我们在编写出版《中华文明史话》与《百年中国史话》的基础上，组织院内外各研究领域的专家，融合近年来的最新研究，编辑出版大型历史知识系列丛书——《中国史话》，其目的就在于为广大人民群众尤其是青少年提供一套较为完整、准确地介绍中国历史和传统文化的普及类系列丛书，从而使生活在信息时代的人们尤其是青少年能够了解自己祖先的历史，在东西南北文化的交流中由知己到知彼，善于取人之长补己之短，在中国与世界各国愈来愈深的文化交融中，保持自己的本色与特色，将中华民族自强不息、厚德载物的精神永远发扬下去。

《中国史话》系列丛书首批计 200 种，每种 10 万字左右，主要从政治、经济、文化、军事、哲学、艺术、科技、饮食、服饰、交通、建筑等各个方面介绍了从古至今数千年来中华文明发展和变迁的历史。这些历史不仅展现了中华五千年文化的辉煌，展现了先民的智慧与创造精神，而且展现了中国人民的不屈与抗争精神。我们衷心地希望这套普及历史知识的丛书对广大人民群众进一步了解中华民族的优秀文化传统，增强民族自尊心和自豪感发挥应有的作用，鼓舞广大人民群众特别是新一代的劳动者和建设者在建设中国特色社会主义的道路上不断阔步前进，为我们祖国美好的未来贡献更大的力量。

陈奎元

2011 年 4 月

⊙张捷夫

作者小传

　　张捷夫，1938 年生，江苏沛县人，中国社会科学院历史研究所研究员。1963 年毕业于北京大学历史系，历任中国社会科学院历史研究所清史研究室主任，明清史研究室主任，《清史论丛》主编。主要从事清史、丧葬史的学习与研究，曾出版专著《中国丧葬史》，参加 10卷本《清代全史》、20 卷本《清代人物传稿》的撰写，并任《清代人物传稿》的主编之一。

目 录

引　言 …………………………………………… 1

一　原始社会的丧葬 …………………………… 3

1. 氏族公共墓地 ………………………………… 3

2. 母系氏族社会的合葬与二次葬 …………… 4

3. 父系氏族社会葬俗的变化 ………………… 7

二　奴隶社会的丧葬 …………………………… 11

1. 鬼神迷信的盛行 …………………………… 11

2. 商代的墓葬与棺椁 ………………………… 12

3. 举世瞩目的青铜随葬品 …………………… 14

4. 人殉与人祭 ………………………………… 16

5. 转俗为礼的西周丧葬 ……………………… 18

三　先秦儒家的丧葬思想 …………………… 21

1. 孔子的"孝道"与"仁爱"思想 ………… 21

2. 孟子的厚葬思想 …………………………… 24

3. 荀子的"立中制节"思想 ………………… 25

四 繁缛的儒家丧礼 …………………………… 27

1. 初死之礼 ……………………………………… 27

2. 停枢之礼 ……………………………………… 30

3. 埋葬之礼 ……………………………………… 31

4. 葬后之礼 ……………………………………… 32

五 五服制度 …………………………………… 34

1. 五服制度的形成 …………………………… 34

2. 五等丧服的内容 …………………………… 35

3. 居丧生活 …………………………………… 40

4. 历代丧服制度的变化 ……………………… 41

六 秦汉厚葬之风 ……………………………… 44

1. "固若金汤"的秦皇陵 …………………… 44

2. 威武雄壮的兵马俑 ………………………… 45

3. 奢华的金缕玉衣 …………………………… 46

4. 耗费惊人的黄肠题凑 ……………………… 48

5. 壁画墓和画像石墓 ………………………… 49

6. 石碑与石刻 ………………………………… 52

7. 厚葬之风的危害 …………………………… 54

七 魏晋薄葬的流行 …………………………… 56

1. 薄葬流行的原因 …………………………… 56

2. 三国时帝王率先薄葬 ……………………… 58

3. 简陋的两晋帝王陵墓 …………………… 60

4. 北方民族的潜葬 …………………… 63

八 厚葬风气再起的唐代丧葬 …………………… 65

1. 隋文帝坚持薄葬 …………………… 65

2. 唐代丧制 …………………… 66

3. 无约束的帝王丧葬 …………………… 69

4. 制陶艺术的杰作唐三彩 …………………… 73

5. 七七丧俗 …………………… 76

九 宋元丧葬 …………………… 80

1. 宋代帝王官吏丧葬 …………………… 80

2. 宋代民间丧俗 …………………… 84

3. 元代的丧葬风俗 …………………… 86

十 明清丧葬制度的变化 …………………… 91

1. 朱元璋对丧葬制度的改革 …………………… 91

2. 明英宗废止人殉 …………………… 97

3. 清朝入关前的丧俗 …………………… 100

4. 清东西二陵的由来 …………………… 106

5. 清代帝王丧礼 …………………… 110

6. 清代官民丧俗 …………………… 114

十一 火葬的坎坷历程 …………………… 118

1. 早期的火葬 …………………… 118

2. 火葬的流行 …………………… 119

    3. 火葬礼仪与火葬墓 ……………………… 126

    4. 西南民族的火葬风俗 ……………………… 132

十二　中国少数民族的葬俗 ……………………… 136

    1. 南方民族的悬棺葬 ……………………… 136

    2. 北方民族的树葬 ……………………… 138

    3. 藏族的天葬 ……………………… 140

    4. 西南民族的闹尸和送魂风俗 ……………… 141

十三　薄葬论及反对厚葬的斗争 ……………… 146

    1. 墨子的薄葬思想 ……………………… 146

    2. 吕不韦的薄葬思想 ……………………… 148

    3. 汉代薄葬思想的发展 ……………………… 150

    4. 魏晋以后的薄葬思想 ……………………… 153

十四　风水迷信及古人对风水的批判 …………… 155

    1. 风水的产生及其欺骗性 ………………… 155

    2. 风水的流传与危害 ……………………… 158

    3. 古人对风水的批判 ……………………… 160

参考书目 ……………………… 165

引 言

死，是人生的终点。丧葬，是指办理丧事，埋葬死人。可是，最早的人类，生活与普通动物差不了多少，白天成群结队地寻找食物，夜间住在树上或洞穴里，行动无意识，死后弃尸荒野，任凭禽兽啄食。所以，当时的人是没有丧葬可言的。直到灵魂观念出现以后，才开始逐步形成埋葬尸体的风气。

灵魂观念是怎样产生的？一般认为，当时生产力极端低下，人类对自身和外部的自然现象不可能作出正确的解释。睡眠中偶然梦见已经死去的人仍然同活着的人一样进行各种活动时，便误认为人除肉体以外，还有一种非物质的东西存在，这就是灵魂。当时的人认为，灵魂附在肉体上，能主宰一切，灵魂一旦离开了肉体，人便死亡，人死以后，灵魂却还活着，仍能干预人间的事务，祸福子孙。随着人类亲情观念的浓重，对死去的亲人往往产生怀念之情，希望死去的亲人能在另一个世界里生活得好些，并能庇护子孙。于是，便开始重视对死人的处理，从而产生了丧葬。

《说文解字》记："葬，从死在草中。"意思是，死在草中叫葬，身上盖的是草，身下垫的也是草。古语又有："葬者，藏也，欲使人不得见也。"意思是，葬就是藏，把尸体隐藏起来。由此看来，最早的丧葬是极为简单的，仅仅是用杂草把尸体盖起来，或用其他办法把尸体掩藏起来。随着人类社会的不断发展，尤其是宗教信仰和崇拜观念的出现，丧葬才逐渐讲究起来，走向复杂化。

一　原始社会的丧葬

✿ 氏族公共墓地

几万年之前，我国的远古人类开始进入氏族社会时期。氏族社会也称原始社会，是由血缘关系联系起来的人类群体。每一个血缘群体叫一个氏族。氏族所有成员，都有共同的祖先，有骨肉关系。他们集体生活，互帮互助，相依为命。既然活着的时候每个人都要依靠氏族而生存，那么，死后也要在一起，以便得到祖先灵魂的保护。因此，设立氏族公共墓地，人死以后埋葬在一起，就成为氏族社会丧葬的重要特点。

氏族社会的公共墓地，在我国各地，尤其是黄河流域和长江流域都有大量的发现。这些公共墓地都在居住区附近，布局和居住区相似，墓葬排列整齐有序，表现出血缘氏族的凝聚力。如陕西华县元君庙氏族墓地，就很有代表性。墓地在居住区南面，中间留有空隙地带。墓葬分为两区六排，自东往西，一、二、三排为第一墓区，四、五、六排为第二墓区。墓葬的年代顺序，排与排之间，是自东而西；同一排之内，是自北而南，井然有序。

3

② 母系氏族社会的合葬与二次葬

　　血缘氏族社会历史悠久，虽然自始至终都设有公共墓地，实行集中埋葬，但具体埋葬制度，前期与后期有着显著不同。氏族社会前期，血缘关系是以女性为依据的，所谓"知其母而不知其父"，所以，也称母系氏族社会。由于母系氏族社会的血缘关系极为牢固，多人合葬也就特别流行。迄今所发现的这种母系氏族社会的多人合葬墓，时间最早的是"山顶洞人"的墓葬。山顶洞在北京周口店龙骨山，分上室和下室。上室是住处，下室是墓地。经考古学家对下室所存人骨的研究鉴定，葬的是老年男子 1 人，成年女子 2 人，幼儿 1 人，婴儿 1 人。比"山顶洞人"时间晚一些的，是北京西郊东胡林墓葬。这座墓里埋了 2 个成年男子和 1 个少女。这种男女合葬的现象，和当时杂婚制度有直接关系。

　　以上这两处墓葬的时间，距今分别约一万八千年和一万年。而距今大约五六千年，母系氏族社会繁荣时期的氏族公共墓地，则有大量发现，尤其是黄河中上游地区发现最多。在所有这些已发现的墓地中，几乎都以合葬为主。在元君庙墓地发掘的 51 座墓葬中，除 7 座空墓外，多人合葬墓有 28 座，比单人墓多出一倍；各个墓坑内所葬人数，少的 2 人，多的 20 多人，一般都在四五人以上。陕西渭南县史家村墓地的 43 座墓葬中，有 40 座是多人合葬。每座墓坑所葬人数，少的 4 人，多的 50 多人。在陕西华阴县横阵村发现的合葬墓，葬法与一般合葬墓不同，它用的是大墓坑套小墓坑的办法。已发掘的两个大墓坑，一个长 10.4 米、宽 2.8 米，内套有 5 个小坑，每个小坑所葬人数 4~12 人不等；另一个大墓坑长 11 米、宽 2.4 米，内套 7 个小坑，共葬 42 人，一般都是两层叠压，比较凌乱。

这种多人合葬，与前面所说"山顶洞人"、"东胡林人"的合葬不同。"山顶洞人"、"东胡林人"是男女合葬，而母系氏族社会繁荣时期，绝大多数是男女分别合葬，也就是男女不同墓。这种不同的合葬，与不同的婚姻形式有直接关系。母系氏族社会繁荣时期，已由杂婚过渡到族外群婚，禁止本氏族内男女通婚。互相群婚的男女死亡以后，要各自葬在自己出生氏族的墓地内。正因为本氏族内男女不能通婚，所以，死后虽然归葬到本氏族的墓地，但不能与本氏族的异性合葬。在已发现的母系氏族社会繁荣时期的氏族墓地中，大多是男女分区合葬，也有男女分区单人葬的。至今还没有发现成年男女合葬的现象。

一个小墓坑内为什么埋这么多人呢？为什么这么多人会同时死亡呢？原来，这种多人合葬，几乎全部是二次葬。也就是说，合葬在同一个墓坑的人，并不是同时死亡后一次埋葬的，而是把不同时间死亡的人的遗骨，经过第二次埋葬合在一起，所以称二次葬。这种二次葬，是母系氏族社会普遍流行的葬俗。它是宗教信仰和氏族观念的产物。当时人们认为，人死以后，灵魂虽然离开了肉体，但并没有走远，而是在肉体附近徘徊，必须等到尸体腐烂以后，才肯离去，进入鬼魂世界。所以，人死以后，不能马上埋葬，要等到尸体腐烂、灵魂离去以后才行。同时又出于生死不分离的氏族观念，因此，便把不同时间死亡人的遗骨，按照血缘关系远近，合葬在一起。

关于合葬的具体程序，一般认为，人死之后，先把尸体停放在一定地方，等到皮肉腐烂后，把遗骨收贮起来，放在专设的场所，并使之不相混杂。到一定时候，再把同一家族的遗骨一起迁葬到氏族公共墓地。但在考古发掘中也曾见到，在同一墓坑内既有二次葬也有一次葬的现象。考古学家的解释是：本家族首领死亡以后，在埋葬她的同时，便把同家族先死的人的遗骨迁过来，同她一起合葬在同一个墓坑内。元君庙墓地的合葬墓中，就有一具女性骨架为一次葬，其他骨架为二次葬。

二次合葬主要是成年人的葬制，夭亡的儿童则流行瓮棺葬，就是把遗骨装入陶罐中埋葬。这样的儿童瓮棺墓在西安半坡遗址有 70 多座，临潼姜寨遗址有 280 多座，宝鸡北首岭遗址有 60 多座。这些儿童瓮棺，一般都埋在房屋周围。据说是因为未成年不能加入成年人的行列而埋入氏族公共墓地。

在有些地方，如河南伊川土门遗址、鲁山县邱庄遗址等，还发现有成年人的瓮棺葬。据说，这是非正常死亡人的一种葬俗。如被水淹死，从山上、树上掉下来摔死，被猛兽、毒蛇咬死等等。人们认为这种凶死的人，灵魂是恶的，不能加入一般人的行列进入氏

族公共墓地合葬，而要用瓮棺把遗骨埋在离居住区较
远的地方。

☁ 父系氏族社会葬俗的变化

氏族社会后期，由于生产的发展，氏族制度本身
发生了重大变化。男子逐渐取代女子在社会中的主导
地位，人类逐步由母系氏族社会转变为父系氏族社会。
父系氏族社会的婚姻关系，已由族外群婚转变为一夫
一妻制，出现了个体家庭，氏族血缘纽带逐渐松弛，
私有财产增多，贫富分化明显。随着这种重大的社会
变革，丧葬制度也发生了许多重大变化，其中主要的
有以下几个方面。

（1）由多人二次葬向单人一次葬过渡。单人一次
葬，就是人死以后，便将尸体埋葬，不再经过收贮遗
骨，然后再将遗骨合葬在一起。迄今在各地所发现的
父系氏族社会时期的墓葬，几乎都是以单人一次葬为
主。以往的那种多人二次合葬的现象，已很少见到。
如南京北阴阳营遗址发现的 226 座墓葬，都是单人一
次葬。江苏邳县刘林遗址第一次清理的 52 座墓葬中，
有 47 座为单人一次葬；第二次清理的 145 座墓葬中，
有 142 座为单人一次葬。此外，像河南淅川下王岗等
遗址，情况也大致相似。由多人二次合葬向单人一次
葬过渡，是氏族社会向高级阶段发展的标志，也是丧
葬制度的一大进步。

（2）棺椁的出现。在母系氏族社会时期，除儿童

和非正常死亡的人遗骨用瓮棺埋葬外，其他人的遗骨都是直接埋入土坑中，没有任何葬具。到父系氏族社会后期，出现了葬具棺椁。棺，是用来盛尸体的；椁，是在棺的外面用来保护棺的。

棺椁的使用，据说开始于黄帝。黄帝，相传是父系氏族社会后期的部落联盟首领，许多远古发明，如养蚕、舟车、文字、音乐、医学、算术等，传说都开始于黄帝时期。由于这时人类社会文明已达到相当程度，人死以后，亲属不忍将尸体直接埋在泥土中，所以，便开始制作葬具。不过，最初的葬具是极为简单的，通常是在墓坑内铺砌石块，或镶嵌石板，也有用原木或树皮铺叠的。1991年在浙江余杭县瓶窑镇发掘的一座距今4000年左右的大型墓葬，既有木棺，也有木椁，是名副其实的棺椁并用。

（3）陪葬物品多寡悬殊。埋葬时陪葬物品，是从母系氏族社会繁荣时期开始流行的。在距今时间较早的"山顶洞人"的墓葬里，就发现有石珠、穿孔兽牙等装饰品；"东胡林人"墓葬里也发现有用螺壳串成的项链和用羊骨制成的骨镯。母系氏族社会繁荣时期的陪葬物品，通常是日常生活所用的陶器，少数有骨制、陶制、玉石等装饰品，以及少量的生产工具与防身武器等。不仅数量有限，而且各墓之间的差别不大。而父系氏族社会时期，不仅陪葬物品的品种和数量大大增加，出现了以往所不曾见到的铜器、玉雕、牙雕、骨雕等各种精致的装饰品，而且更引人注意的是，在同一氏族墓地中，各墓之间陪葬物品的品种和数量悬殊很大。如青海柳湾墓地300多座墓葬中，陪葬物品多的有八九十件，少的只有二三件。山东大汶口第一次发掘的100多座墓葬中，大墓一般有五六十件，最多的有180多件。其中有一座大墓，除80多件精美的陶器外，还有制作精细的透雕或镶嵌玉石的骨器、象牙器和其他装饰品。而大多数小墓，一般只有一两件简陋的陶品。江苏武进县寺墩遗址中一个20岁左右的男子墓葬中，陪葬物品仅玉器一项，就有120多件，其中尤以20多件玉璧和30多件玉琮最有特色。而同一墓地中的其余墓葬，陪葬物品则寥寥无几。其他各地有代表性的遗址，也都存在这种陪葬物品多寡悬殊的现象。这不仅反映出父系氏族社会时生产水平有了较大的进步，而且出现了明显的贫富分化。

另外，在陪葬物品中，有一种东西特别引人注意，那就是猪。在母系氏族社会时，也有陪葬猪的现象，但很少见。而父系氏族社会时，陪葬猪的现象则相当普遍。西到陕甘，东濒大海，北至松辽，南逾长江，各地都很流行。山东大汶口遗址第一次发掘的100多座墓葬中，有40多座陪葬有猪头，每座1~4个不等。甘肃皇娘娘台、大河庄、秦魏家墓地，共出土猪下颚骨近600块，每墓少则1块，多的60多块。葬猪是一种宗教行为，认为人死以后，仍和生前一样要吃东西，这可能就是祭品的起源。至于为什么多用猪很少用其他家畜，大概是因为猪是当时人们普遍饲养的家畜，容易得到，用起来方便。至于称猪是一种神物，那是以后的事，氏族社会并没有出现。

（4）人殉初见端倪。人殉，也称殉葬，是指人死以后，其妻妾等人也要随着死，一同埋葬。这是一种野蛮而残忍的丧俗，是人类丧葬史上最大的污点之一。人殉现象是私有制的产物。父系氏族社会，男子由于在生产、生活中的主导地位，成了一家之主，拥有一切特权。妻子则成了他们的私有财产。于是，有的男子便乱发淫威，勒令妻子在他死后陪葬。在父系氏族社会的墓葬发掘中，常见到一些成年男女一次合葬，有的就属于这种现象。甘肃永靖秦魏家父系氏族社会遗址的100多座墓葬中，就有一部分是成年男女2人的一次合葬。男子仰身直肢，女子侧身屈肢，位于男子左侧，面向男子。武威皇娘娘台遗址，既有成年男女2人一次合葬，男子仰身直肢，女子侧身屈肢面向男子；也有1男2女3人一次合葬，男子直身仰居中央，2女在左右两侧，侧身屈肢面向男子。山东大汶口遗址发现的8座合葬墓中，有4座是成年男女2人一次合葬的。河南淅川下王岗、青海乐都柳湾等遗迹，也都有成年一男一女，或一男多女的一次合葬墓。如此众多的成年男女一次合葬的现象，不可能都是同时自然死亡。而且，从男子仰身直肢、女子侧身屈肢面向男子的葬式来看，女子很可能是被迫为丈夫殉葬的。

二 奴隶社会的丧葬

鬼神迷信的盛行

父系氏族社会末期，我国黄河流域的氏族部落联盟，出现了尧、舜、禹 3 个著名首领。他们"禅让"（公推首领）的故事，早已成为千古传诵的佳话。相传，禹活着的时候曾选定伯益作为继承人，但禹死以后，禹的儿子启杀了伯益，自立为首领，建立了夏朝。夏朝是中国历史上第一个奴隶制国家，历时 400 多年，约在公元前 21 世纪至前 16 世纪。夏朝灭亡以后，继之而起的是商朝。商朝历时 600 多年，约在公元前 16 世纪至前 11 世纪。商朝先定都亳（今河南濮阳），后屡次迁都，第 20 个国君盘庚，迁都到殷（今河南安阳），直到商朝灭亡。所以，商朝也称商殷或殷商。

从夏朝开始，中国的历史发生了重大变革。国家的出现，打破了以前氏族社会的血缘纽带，一方面使社会经济、文化得到空前发展，特别是商朝创造的青铜文化，在世界古代文明史上占有重要的地位；另一方面，父传子的家天下，代替了以往的禅让制，统治权力变为世袭罔替。而统治者为了维护他们的统治地位，使家天下千秋万代，不仅要靠军队、刑罚等专政工具，还要靠精神武器来控制人们的思想。这种精神武器就是鬼神迷信。

鬼神迷信虽然出现很早，但作为统治阶级的思想武器，则是在国家出现以后。古代文献说"夏服天命"，就是说夏朝统治人民的思想武器是"天命"思想。"天命"思想是一种有神论的宗教思想，相信在人之外，还有神的存在。人世间的一切都是神的安排，不信神不敬神是最大的罪过。商朝把神和祖灵合而为一，尊奉天命，就是敬神事鬼。由于鬼神迷信的盛行，所以，死人在人们心目中的地位越来越重要，丧葬也就更加受到人们的重视，厚葬风气便逐渐兴起。盘庚迁都于殷以后，出现了中国历史上第一次厚葬高潮。但由于夏商贫富分化严重，实行厚葬的只能是少数奴隶主贵族，而与大多数奴隶无缘。

② 商代的墓葬与棺椁

由于缺少文献记载，考古发掘资料也很少，所以，我们对夏代的丧葬情况知道的不多。已发掘的夏代墓葬，主要分布在河南偃师、郑州、洛阳和山西南部，都是些中小型土坑墓。被认为有代表性的是 1957 年在偃师二里头发掘的一座墓葬。这种墓葬，是在一个长 2.3 米、宽 1.26 米的大坑里，内套着一个长 1.7 米、宽 0.74 米的小坑。大坑是墓穴，小坑是棺室。但陪葬物品较多，除石器、陶器外，还有铜器。商代就不同了，商墓在许多地方都有发现，而且数量很大。仅河南安阳、郑州、洛阳、辉县等地，就发现了数千座，为研究商代丧葬提供了丰富的资料。

关于墓葬形制，就已发掘的商墓来看，大致可分为小型墓和大型墓两类。小型墓是一般民众的墓葬，占绝大多数；大型墓是奴隶主贵族的墓葬，为数很少。

小型墓是指没有墓道的土坑竖穴墓，一般长2米、宽1米，最大的长5~6米、宽3~4米；最小的长2米、宽0.5米，仅能放进尸体而已。墓坑深度不等，一般在2~5米之间。这种土坑竖穴墓，墓口稍大于墓底，墓穴的四周，在接近墓底的地方，大多有土台，称"二层台"。"二层台"一般宽0.2~0.4米，头部一端稍宽，用来放陪葬物品。墓底的中央，多挖有方形小坑，因小坑的位置正好在尸体的腰部，所以称"腰坑"。这种带"腰坑"的墓穴，在商代特别流行。1953年在安阳大司空村发掘的122座完整的商墓中，有104座带有腰坑。

大型墓是指带有墓道的墓葬，就目前已发掘的来看，可分为"亞"字型、"中"字型、"甲"字型3种。所谓"亞"字型，就是有4条墓道，由墓室向四面伸出，形状同"亞"字；所谓"中"字型，就是有2条墓道，由墓室向方向相反的两边伸出，形状同"中"字；所谓"甲"字型，就是只有1条墓道，由墓室向一边伸出，形状同"甲"字。

开挖墓道，是为了便于大型棺椁和陪葬物品的进入，所以墓室规模很大，如在安阳西北岗发掘的一座"亚"字型大墓，墓室面积 400 平方米，深 12 米；武官村的一座"中"字型墓，面积 340 平方米，容积为 1600 多立方米。

关于棺椁，由于商代冶炼技术的高度发展，金属工具已普遍使用，这就给加工大型木材提供了方便。所以，木制棺椁相当流行。据考古发现，凡上面所说的大型墓，无不使用棺椁，而且形体很大。如 1950 年在安阳武官村发掘的一座"中"字型大墓，墓中的椁板虽然已经腐朽，但从墓室四壁的印痕可以清楚地看出，椁底是用 30 根粗大的圆木铺垫，并用半面削平的原木作"井"形交叉叠垒，共 9 层，构成椁室；椁顶也是用原木排铺而成。有的大墓椁室顶板上还带有雕花，覆盖彩绘布幔等物作装饰。中小型墓一般只使用木棺，棺外无椁，但也有棺椁并用的。安阳大司空村是殷商一般民众的墓葬遗址，1958 年在这里发掘的 51 座土坑竖穴墓中，有 8 座棺椁并用。有的还在棺椁盖上用红、黄、黑、白等色进行了彩绘。

❸ 举世瞩目的青铜随葬品

殷商时期的陪葬物品中，最令人惊叹的是青铜器。

制铜技术早在氏族社会后期就已为人们掌握，但当时以红铜为主。夏朝时由红铜发展到青铜，铸造技术也有很大进步。殷商时期，青铜铸造技术高度发展，商朝人创造了举世瞩目的古代青铜文化。由于陪葬物品往往是死者生前最珍惜的东西，所以，殷商时期陪葬的青铜器，无论是质量还是数量，都令人惊叹。1974 年在湖北黄陂盘龙城发掘的一座墓葬，陪葬品中有青铜器 64 件。1976 年在安阳发掘的妇好墓，陪葬物品中竟有青铜器 468 件。其中礼器最多，有 200 多件，几乎包揽了历年来殷墟出土铜器的所有品种。其次是兵器，有 130 多件。再次为工具，有 44 件。另外还有铜铃、铜镜等。总重量在 1600 公斤以上。

殷商时期陪葬的青铜器，数量大，品种多，制作技术高超，工艺精湛。如在安阳武官村殷王陵墓发掘出土的"司母戊"大方鼎，长 1.1 米、宽 0.78 米、高 1.33 米，重 875 公斤。方鼎质地坚硬，造型雄伟，花纹华丽，结构复杂。方鼎腹部铸有蟠龙纹和饕餮（古代传说中的一种凶恶野兽）纹。据专家研究，铸造这件巨型铜鼎，要先把鼎身、鼎耳、鼎足分别铸成部件，然后再把各个部件合铸成一个整体，整个工程，至少要有二三百人的密切合作才可完成。

除陪葬大量青铜器外，陪葬车马也是丧葬史上的首创。一些王室成员和奴隶主贵族，生前出则车马，死后也不愿徒步。埋葬时往往陪葬车马。车马毕竟是庞然大物，放置的地点与一般陪葬物品不同，多在墓旁另外挖坑埋葬。迄今已在安阳殷墟发掘了陪葬车马坑 20 多处，一般是埋 1 车 2 马，车是实用的两轮独辕乘车，马在车辕两边。如 1987 年在安阳郭家西庄发掘的 1 座陪葬车马坑，保存完好，内有 1 车 2 马，车子的部件均为木制，装饰考究。

4 人殉与人祭

夏、商是私有制进一步发展的奴隶制国家，人殉现象相当普遍。特别是殷商，是中国历史上人殉最盛的时期。奴隶主贵族死后，几乎都用人殉葬。30年代在安阳侯家庄发掘的9座贵族墓葬，座座都发现有殉葬人。1966年在山东益都（今青州）苏埠屯发掘的两座大墓，一座有4人殉葬，一座有48人殉葬。当时，不仅奴隶主贵族的墓葬有人殉，就是一些普通民众的小型墓，也有人殉现象。安阳大司空村是殷商一般民众的墓葬遗址，1953年在这里发掘的166座小型墓中，5座有殉葬人。1958年在这里发掘的137座小型墓中，4座有殉葬人。安阳四盘磨也是一个普通居民遗址，1950年在这里发掘了15座小型墓，其中有4座墓各有1个殉葬人。除安阳一带外，人殉墓发现较多的，还有河南辉县、山东益都、河北藁城等地，而且小型墓占多数。30年代在辉县曾发掘3座小型人殉墓，各有1～2个殉葬人。1950年又在这里发掘3座小型人殉墓，共发现有18个殉葬人。1973年在藁城台西村发掘的112座中小型墓中，有11座分别有1～2个殉葬人。另外，在郑州二里岗、白家庄，洛阳东大寺，山西石楼桃花庄，湖北黄陂盘龙城等许多地方，也都有商代人殉墓发现。从发掘现场看，有殉葬人的小型墓与无殉葬人的小型墓没有什么大的区别，陪葬物品也不多。这说明死者并非权贵，而是一些普通人。

　　这些殉葬人的身份如何？专家们一直有不同看法。有的专家认为殉葬者是奴隶，有的认为不是奴隶。从有关文献记载推测和对发掘现场分析，这些殉葬人似乎主要是死者的妻妾、仆从和亲信，而不是奴隶。

　　人祭，是指把人当猪、狗、羊一样，杀死作祭品，它比人殉更加惨无人道。商代鬼神迷信严重，祭礼活动种类很多，这里所要谈的，是为死人祭灵。

　　据考古发掘材料，凡王室成员、奴隶主贵族死后，几乎都杀人祭灵，有的杀人数量相当惊人。这些被杀的人，有的被埋在椁顶上、墓道里，有的则在墓旁另外挖坑而埋，称为"乱葬坑"。安阳侯家庄1001号大墓，除4条墓道里有无头肢体61具、人头73个之外，墓穴东侧还有乱葬坑22个，每坑人数不等，共68人。武官村大墓，除墓坑里有人头34个外，在墓穴南侧另有乱葬坑4排17个，共埋无头肢体152具。在排坑南边，还有散葬坑9个，也都是埋的无头肢体和砍落的人头。江苏铜山丘湾商墓更为典型。墓室的中部竖有4块大石，4块大石的周围，有20个祭人的遗骨。这些遗骨都是壮年男女，俯身屈膝，双手被反绑背后，呈现出被杀的惨状。

　　专供埋葬祭人的葬坑，在安阳殷墟发现极多，仅小屯乙组七号墓地就发现140多个，共埋祭人600多人，和牛、羊、马、犬等祭畜相混杂。武官村的商王陵地数量更多，迄今已发掘的191座葬坑中，共埋祭人1178人，一坑最多的埋数百人。这些祭人大多是青壮年男子，手脚被捆绑，双手上举，脊椎扭曲，显示出垂死挣扎的样子。

商朝文字"甲骨文"中,有关人祭的资料很多。据甲骨文专家胡厚宣先生统计,商代有关人祭的甲骨共有1000多片。从盘庚迁都于殷到帝辛商纣亡国的200多年中,共用人祭至少有14000多人。当然,这些甲骨文中的人祭,不全是为死人祭灵,也包括祭上帝、祖先、鬼神等。

这些同牛羊猪犬一样当作祭品的人,身份和殉葬人不同。他们不是死者的亲近之人,而主要是战争中的俘虏、奴隶和其他各种犯罪的人。

转俗为礼的西周丧葬

公元前11世纪,周武王灭商,建立周朝。因都城镐京(今陕西西安)在后来的东都洛邑(今河南洛阳)的西边,历史上称为西周。西周是一个疆域辽阔的强盛国家,政治、经济、文化发展水平都达到了一个新的高度。周的统治者看到,商朝虽然崇尚天命,敬神事鬼不遗余力,但仍不能避免覆灭的下场,于是,便对上帝产生了动摇。西周时,出现了"天不可信"而"敬德"的新思潮,"事鬼神而远之",认为只有遵从德性,才能维护其统治。相传周公(周武王之弟,名旦)"制礼作乐",把治丧作为"五礼"(吉礼、凶礼、宾礼、军礼、嘉礼)之一,来规范丧葬行为,使丧葬转俗为礼,形成了一套包括对尸体的处理、哀悼、埋葬、祭奠、服孝等为内容的丧葬礼仪。为了保证这些礼仪的施行，还设立了专门管理丧葬事务的官职，诸如冢人、职丧、墓大夫、大祝丧等等。除这些专职官员外，其他官员，如大宗伯、小宗伯、太宰、肆师等礼官，也都参与治丧活动。如《周礼》规定，小宗伯的职责有：王死以后，要和专门办理丧事的官员一起，用酒洗尸，给尸体穿衣，把尸体装入棺内，在门外悬挂丧服衰冠式样，检查陪葬的明器，在挖墓坑时，要代替王哭泣，埋葬完毕，要设立后土神位等等。

西周虽然也是奴隶制社会，但丧葬的文明程度，比殷商时期要大大进步了。

（1）夏商以来的厚葬风气有所收敛。西周王陵虽尚未发现，但从其他重要遗址来看，丧葬是比较俭朴的。周原（今陕西岐山、扶风两县的一部分）曾是周人早期的都邑，后来迁都以后，仍是西周的政治中心。历年来，曾在这里发掘了大量西周墓葬，都是土坑竖穴墓，没有带墓道的大型墓。陪葬物品主要是陶器，青铜器一般只有三五件。

丰京、镐京（今陕西长安县沣水西、东两岸）分别是周文王、周武王时期都邑，但历年来在这里发掘的三四百座西周墓葬，也全是土坑竖穴墓，没见一座带墓道的大墓。陪葬物品绝大多数是陶器，只有少数墓葬有少量铜器。

洛邑曾是商朝的都城。西周灭商后，曾由周公主持，大力扩建，作为东部地区的政治、军事中心，称"成周"。东部庞家沟是西周贵族墓地，已发掘的数百座墓葬，与周原、丰镐遗址相同，都是土坑竖穴墓，陪葬物品以陶器为主，铜器很少。

河南浚县辛村卫侯墓葬、北京房山县琉璃河燕侯墓葬，是迄今所发现的西周遗址厚葬现象最突出的。但无论是墓葬规模、棺椁形体，还是陪葬物品，都不能和地位相同的商代方国墓相比。

（2）人祭现象绝迹，人殉现象由盛转衰。在迄今发现的重要墓葬遗址中，都不曾发现有用人祭灵的现象。人殉现象虽然还存在，但殉葬人数比殷商时期大大减少。周原和洛阳两处遗址，都不见有用人殉葬的。丰镐遗址的数百座墓葬中，有人殉的15座；浚县辛村遗址的近百座墓葬中，有人殉的2座；房山琉璃河燕侯家族的300多座墓葬中，有人殉的6座。人殉数量也大大少于殷商时期。

三 先秦儒家的丧葬思想

公元前 771 年，西部的犬戎攻占了镐京，西周灭亡。第二年，周平王迁都洛邑，史称东周。东周历时500 多年，公元前 770 年到公元前 476 年，称春秋时代，公元前 475 年到公元前 221 年，称战国时代。春秋后期到战国，是中国由奴隶社会向封建社会过渡的历史大变革时期，奴隶制的旧传统正在瓦解，所谓"礼崩乐坏"。丧礼作为重要礼仪之一，同社会生活关系密切，所以格外受到人们的关注。特别是儒家学派，对丧礼的研究和阐述最为深刻透彻，形成了一套完整的思想体系，在以后长达两千年的封建社会中，影响极大。

1 孔子的"孝道"与
"仁爱"思想

孔子，名丘，字仲尼，春秋时鲁国人。他的先祖本是宋国的贵族，到孔丘的时候，家境已经没落了。他自己曾说："吾少也贱，故多能鄙事。"意思是他从小家境贫寒，所以能做各种粗俗低下的事。

孔子对丧葬礼仪较为熟悉。面对历史大变革所带来的"礼崩乐坏"局面，他极力提倡"复礼"，即恢复西周时的礼仪。不过，他的"复礼"思想，并不是简单地回到西周，而是在坚持周礼基本精神的基础上，着重突出"孝道"与"仁爱"思想。他认为，君王如果能厚待自己的亲族，老百姓就会自然按仁义的要求行事了。他提议，子弟在家要孝顺父母，出门要顺从兄长，为人要谨慎而守信用，对人友爱相处，尤其要亲近那些有仁德的人。当其弟子子路问他怎样事奉鬼神时，他回答说：不能事奉好活人，怎么能谈得上事奉鬼神呢？子路又问他怎样对待死，他反诘道：不知道活的道理，怎么能知道死的道理呢？

孔子认为孝道在人们的道德修养中是头等重要的，而孝道的标准是"礼"，以礼制促进孝行，孝行不能违反礼。当鲁国大夫孟懿子问他怎样行孝时，他回答："无违"。也就是，"生，事之以礼；死，葬之以礼，祭之以礼。"他强调无论是生前奉养，还是死后送终，只要按礼的要求办事，就是行孝。

孔子同时又提出，孝道"为仁之本"，只有尽心行孝，才能广施以仁。"仁"在孔子的思想中就是"爱人"，就是人与人之间要互相爱护关怀。而"仁"的标准也是"礼"，只有按礼的要求办事，才能称得上"为仁"。所以，在孔子看来，礼是最重要的，"不学礼，无以立"。

礼是什么？据《说文解字》说，原意是"敬神求福"，反映了人与神的关系，后来与神权政治相结合，发展为贵族等级制度的亲疏、尊卑、贵贱、上下的严格划分，是维护社会秩序的礼节仪式和道德规范。礼的内容很广，而丧礼是其中重要的组成部分。关于丧礼，孔子主要强调：

（1）治丧以哀为主。孔子主张以礼治丧，重点是强调哀。认为料理父母的丧事，只要能做到悲哀就可以了。当有人向他请教丧礼时，他认为：丧事，与其仪式周到，不如心里真正悲哀。他甚至认为哀比礼更重要，说："丧礼，与其哀不足而礼有余，不如礼不足而哀有余。"这里所说的礼，是指办理丧事的一系列仪式。如果治丧没有悲哀，仪式办得再周到，也是不合于礼的。

（2）主张俭葬。孔子主张治丧要量力而行，如果经济条件不允许，权宜行事，不算非礼。孔子反对埋葬时陪葬珍贵器物，主张使用专门为陪葬而制作的明器。认为明器是神明之器，既能表示对死者的恭敬，又不致破费太大。他参加鲁国人季氏丧礼，听说要把美玉装入棺内陪葬时，竟不顾宾客之礼，闯到前面加以劝阻。

孔子不仅反对用人殉葬，而且也痛恨用俑（用木头、泥土制成的人像）殉葬。他骂开始用俑殉葬的人会断子绝孙。

（3）提倡三年丧。父母死后，儿女要居丧守孝三年，相传始于尧、舜时期。西周时并不流行。孔子从孝道、仁爱思想出发，对此加以大力提倡。当弟子宰我问：子女为父母守孝三年，时间是否太长了？孔子解释说：小孩子出生以后，要在父母的怀抱里才能生存，三年以后，才可以离开父母的怀抱。如果没有父母的精心养育，就难以长大成人。父母死后，子女为他们居丧守孝三年，正是报答父母怀抱之恩，是天经地义的。上至帝王，下至百姓，无论是官是民，是贵是贱，父子、母子之情相同。因此，为父母居丧守孝三年，是天下任何人都应该遵守的丧礼。

孔子虽然不提倡厚葬，但他的丧葬思想，尤其是三年丧的思想，客观上却给厚葬行为提供了理论依据。在他死后，他的信徒便公开鼓吹厚葬，这大概是他生前没有料到的。

孟子的厚葬思想

孟子，名轲，邹国（今山东邹县）人，战国时期儒家代表人物之一。

孟子继承和发展了孔子的孝道、仁爱思想。但在丧葬问题上，似乎偏离了孔子思想的要旨，从重精神向重物质转化，把"礼"和厚葬等同，混为一谈。他认为，只有厚葬父母，才算是孝，才符合礼。否则，就是不孝，就是"非礼"。他在齐国做官时，母亲去世，他派弟子充虞选购珍贵木材，制作豪华的棺椁。充虞认为这样做未免过于奢侈，孟子解释说：上古时候，对于棺椁的尺寸没有一定的规矩。到了中古，才规定棺材厚七寸，椁的厚度以和棺相称为准。从天子到一般老百姓，讲究棺椁，不仅是为了美观，而是只有这样做，才算尽了孝心。受法制的限制，没有资格使用上等木材，当然不称心，有资格使用上等木材，没有财力置办，也是不称心。我既有使用上等木材的地位，又有财力，何况古人都这样做了，我为什么不这样做呢？对孝子来说，难道仅仅为了不使父母的尸体和泥土接触，就心满意足了吗？孟子的这种只有厚葬才算孝的思想，对后来厚葬风气的兴起有很大影响。

荀子的"立中制节"思想

荀子，名况，赵国人，战国末期的儒学大师。他的丧葬思想，不仅突出礼在丧葬中的作用，而且更强调"立中制节"，就是要适中，不宜过度。

他说：所谓礼，就是谨慎办理人的生事与死事。生是人的开始，死是人的终结，终与始都能办好，就实现了人道。所以，正人君子对待生事要爱敬，对待死事要哀戚，敬始而慎终，终始如一，这便是孝子之德、圣人之道，就符合礼了。假如厚待其生，而薄待其死，是敬爱其有知觉，而欺侮其无知觉，是奸人之道、背叛之心。反过来，对待生事不孝敬，不忠厚，而只讲究对死事的孝敬忠厚，是蠢人之道、糊涂之心。这两种做法都是违反礼的。所以，丧礼的意义没有别的，就是要明了生死之义，"事死如事生"，像对待生事那样对待死事，生死如一。

荀子也主张行三年丧。他认为，子女为父母居丧守孝三年，正是称量人情的轻重。他甚至把人类与禽兽相比较，来阐述三年丧的意义。他说：凡是生存在天地之间有气血之物，必有知觉，有知觉之物，无不爱其种类。如禽兽，若是失去伴侣，过一段时间，还要返回来寻求，徘徊悲鸣，不愿离去。就是小小的燕雀，也要悲鸣而后去。凡有气血之物，人类最聪智，所以，人对父母之亲，应至死而无穷。假如朝死而夕忘，真是连禽兽也不如了。

荀子虽提倡三年丧，但同时又主张"立中制节"，适可而止。他说：居丧时间、居丧服饰、居丧生活等，都是礼节仪式，没有这些礼节仪式，则不能表达对死者的悲痛之情。但悲痛应有所节制，不宜过度。假如没完没了，送死之事不能按时了结，生者之事则不能恢复。以死伤生，也是有违于礼的。

四 繁缛的儒家丧礼

丧葬礼仪是指人死以后，对尸体的整饰、哀悼、埋葬、祭奠等一系列活动。最初的丧葬礼仪是很简单的。在夏代以前，基本上限于埋葬方式、陪葬物品的设置，以及某些简单的宗教仪式。商周时期逐渐复杂化，特别是西周，已形成了一套完整的丧葬礼仪。战国时，儒家在继承商周礼仪的基础上，加以修订增补，使其更完备，更系统化、程序化。这套繁缛的儒家丧礼，在中国两千年的封建社会中，一直占主导地位。

初死之礼

初死之礼，是指断气前后的礼仪，主要包括：

（1）属纩。纩（音 kuàng），指丝绵。属纩，就是人临近断气时，用丝绵敷在嘴上。因丝绵分量极轻，人呼吸时会使之摇动，当丝绵停止摇动时，便表示人已经死亡。对死，不同身份的人叫法也不同。帝王之死叫"崩"，诸侯之死叫"薨"（音 hōng），大夫之死叫"卒"，士之死叫"不禄"，一般老百姓之死

27

才叫"死"。

（2）復。復是招魂。人们认为死即灵魂离开了肉体，但灵魂不一定马上远走高飞。这时，为了希望死而复生，所以要招魂。招魂的方式，一般是由亲属或其他人爬到屋顶上，高呼死者的名字或大呼"快回来"。连呼三声，若不能复生，便确定为真死，此后，才能对尸体进行整饰。有的地方，人们还到井边、河边，甚至各种容器、老鼠洞去寻呼死者的灵魂。

（3）沐浴。即给死者的尸体洗澡，将死者的头发、躯体清洗干净，包括修剪手脚指甲等。沐浴通常用水，帝王、诸侯等贵族也有用酒的。

（4）含。即把东西放进死者口中，为的是不让死者饿着肚子离去。所含的东西，主要是米饭或稻谷。但考古发掘所见到的，多是贝壳、玉片等。这可能是饭谷已腐烂看不到了。大夫以上贵族死后，流行由宾客做含。但又恐尸体口中有异味，所以要用一块布巾盖在死者脸上，布巾上挖一个小洞，宾客从小洞中将物品送入死者口中。

（5）袭。即给死者穿衣服，也称小殓。殓衣和生前所穿的衣服基本相同，只是衣襟的方向不同和有无纽带而已。活人穿的衣服，衣襟向右，用左手去解，抽带方便。而死者的殓衣，则衣襟向左，无纽带，表示穿好以后，永不再解脱了。

（6）掩。即裹头，在给死者整发以后，再用一块白绢将其头包裹起来。包裹的方法，与女人裹纱巾差不多，从头顶往下，左右两边绕过腮，最后在脖子下打结。

（7）瑱。瑱（音 tiàn）是塞耳，即用丝绵将死者的两耳塞住。

（8）幎目。幎（音 mì）目是把死者的脸部覆盖住，即用一块黑面红里、一尺二寸见方的面罩盖在死者脸上。有的面罩上面还缀有玉片等装饰物。

（9）覆衾。衾（音 qīn），指被子。覆衾，是将被子盖在尸体上面。死者的身份不同，被子的规格也不同，但一般是黑面红里。覆衾以后，对尸体的整饰就算完成，只等大殓入棺了。

在对尸体进行上述一系列整饰的同时，还要做其他许多事情，主要的有"立丧主"、"为铭"、"设重"、"发讣"等。

立丧主。丧主，就是丧家的主人。但丧主不一定就是自然家长，而需要临时确立，一般都是死者的长子。如长子已经死亡，则由长孙充当。

为铭。铭，也称旌，就是幡旗。上面写上某某之柩，挂在竹竿上，立于房檐下的西台阶上。

设重。重，是灵牌，用木制作，长宽不等。天子之重长九尺，诸侯七尺，大夫五尺，士三尺。宽度为长度的一半。因为人刚死不久，尚未立神位，所以用设重来象征死者的亡灵。

发讣。就是报丧，将死讯通报给死者的亲朋好友、上司属下。天子、诸侯死，还要讣告邻国。发讣的方式，一般是发送报丧文书，民间也有派人口头通知的。

停柩之礼

从死到葬，时间是很长的。据《礼记·王制》说：帝王死后 7 个月而葬，诸侯 5 个月而葬，大夫、士、庶人 3 个月而葬。即使包括死亡的那个月份在内，停尸时间最短的，也有两个月左右。在这样长的时间内，礼仪也是相当多的，其中主要有：

（1）殡。也称大殓，就是把尸体移入棺内。在大殓的当天，要把陪葬的衣物陈列出来，供宾客观光验视。入殓时，在专门办理丧事的人指挥帮助下，由丧主亲自把尸体装入棺内。盖棺后，不用钉，而是用皮带或布帛来扎，纵两道，横三道。入殓后的棺，称为"柩"。

（2）成服。殡后，丧主和死者的其他亲属，衣、食、住都和往常不同。穿特制的衣服，吃特定的食物，住特设的居处，叫"居丧成服"（详见五服制度）。

（3）吊。凡接到讣告的人，要亲自或派人到丧家吊唁。吊唁的人，腰间系一条麻布带子，不能穿鲜艳华丽的服装，并同丧主同哭。如死者是长辈至亲，吊唁人还要同丧主"同踊"（跳跃）。吊唁完毕，丧主要叩头致谢吊唁人。

（4）赙（音 fù）。是吊丧的宾客送给丧家的东西，一般是币帛什物。贵族之间，也有赠送马匹的。送给死者陪葬的马叫"赗（音 fèng）马"，送给丧家的马叫"赙马"。

（5）奠。是向死者供奉祭品。这是整个治丧过程中最为繁琐的礼仪。从死到葬，大约要进行 10 多种不同的祭奠，其中主要有：始死奠、小殓奠、大殓奠、朝奠、夕奠、朔月奠、荐新奠、朝祖奠、大遣奠等。祭奠器物，主要是日常生活所用器具。祭品主要有肉、鱼、酒及五谷杂粮等。

（6）筮（音 shì）宅。筮，是占卜；宅，是墓地。停柩期间，要由专门负责办理丧事的官员或其他通晓占卜术的人，通过占卜，选择墓地，画出墓坑方位，然后才能动工挖掘。

𝟛 埋葬之礼

埋葬礼仪是整个治丧过程中最隆重的礼仪，主要包括：

（1）朝祖，就是告庙。在埋葬的前一天晚上，用车拉着灵柩，到祖庙致奠。行进时，死者的灵牌在前，接着是奠器（祭奠时用来盛祭品的器物），灵柩在中间，丧主在最后，并用蜡烛照明。

（2）大遣奠。是在埋葬的当天，把灵柩运往墓地前的祭奠仪式。这是所有祭奠中最为隆重的。除供设奠品以外，还要把所有陪葬明器（专门用来陪葬的器物）陈列出来。

（3）启殡。在大遣奠仪式结束后，把灵柩运往墓地称启殡，也就是发丧。启殡通常是用马车将灵柩及陪葬物品送往墓地。丧主及亲属步行护柩，尊长及宾客乘车随其后，叫送葬。由宾客用绳索或白布帮助牵引灵柩，以保证灵柩平稳行进，叫执绋。所以，启殡也叫"发引"。不同身份的人，所用执引人数不等。

（4）下柩。即将灵柩送入墓坑。通常有两种办法：一是在墓口设置像辘轳一样的架子，由架子牵引灵柩放入墓坑；二是由送葬人执引放入墓坑。有墓道的，则由墓道进入。灵柩放好以后，有椁的置椁。然后，放置陪葬物品，加盖椁顶，顶上覆席，最后填土。填土一般要经过夯实。一切完毕，丧主拜谢众人相助。

🍃 *4* 葬后之礼

未葬之前，死者的形体尚在，各种礼仪都以活人的礼仪行事，所谓"事死如生"。葬后，事奉的对象为死者的灵魂，各种仪式不再称奠，而改称祭。主要有：

（1）虞祭。是埋葬后的当天中午举行的安神祭，祝福死者的灵魂得到安息之所。

（2）卒哭。是紧接着虞祭之后而举行的祭礼。所谓"卒哭成事"，就是说卒哭祭标志着"生事毕而鬼事始"，即指由人变鬼的事已经告成。所以，卒哭祭已不再属于凶祭，而是属于吉祭了。

（3）祔（音 fù）祭。是为死者的灵魂附属于祖庙的祭仪，葬后第二天在祖庙举行。祭毕，丧主仍把死者的灵牌带回家中供奉，等到两周年大祥祭后，才能正式移入祖庙。

（4）小祥。是人死亡一周年的祭礼。小祥祭以后，死者亲属的丧服逐渐减轻，严酷的居丧生活有所改善。

（5）大祥。是人死亡两周年的祭礼，居丧禁忌进一步宽松。

（6）禫（音dàn）。是除服祭礼。三年丧包括死年，而不是整整三周年，所以，大约在死者死后27个月左右举行。禫祭以后除服，丧家的生活一切恢复正常。以后，只是每逢"忌日"（死日）才作祭，以表示对死者的思念。所谓"君子有终身之丧"，就是这个意思。

五 五服制度

五服制度的形成

人死以后，亲属为表示对死者的哀思之情，要穿特别的衣服，称丧服或孝服。但最早的丧服却不是这个意思，而是畏惧鬼神的一种表现。人们认为人死以后，灵魂还存在，并能祸及子孙。如子孙有过错，灵魂会予以惩罚。为了逃脱灵魂的惩罚，人死以后，亲属往往要到外边躲藏一时，或穿上一种特制的衣服，让灵魂认不出来，实际上是一种护身服。渐渐地，这种护身服便演变成了孝服。

大约西周时，就有了关于丧服的记载，称"素服"。春秋前期，丧服逐渐流行，而且形成了制度。特别是鲁国，丧服制度已相当完备。鲁襄公死后，在埋葬时，他的儿子昭公一连换了三次丧服，因不合规定，受到人们的责备。春秋战国之际的社会变革使周礼遭到破坏，治丧出现了严重的违礼现象。这种违礼现象不仅使统治者感到忧虑，而且引起了士人特别是儒家的极大关注。他们在西周丧服的基础上，不断地加以修改补充。经过几代人的努力，终于制定出一套完整的五等丧服制度。

五等丧服制度是以血缘亲属关系为依据的。按照血缘关系的远近，划分出五个不同的居丧服孝等级，包括五世九族。计算方法是，由本人开始，纵向往上有父、祖父、曾祖父、高祖四世，往下有子、孙、曾孙、玄孙四世。横向往右有兄弟、从兄弟（同一祖父）、再从兄弟（同一曾祖）、族兄弟（同一高祖），向左有姊妹、从姊妹、再从姊妹、族姊妹（见图1）。五等丧服，就是依据这种纵横的血缘关系远近而确定的。它把上下左右所有亲属，统统纳入了这个严密的亲属网内，既能达到维护宗族关系的目的，又能起到检验每个人道德行为的作用。所以，历来受到人们的极大重视。两千多年来，许多重要的经济、政治制度都发生了重大变革，唯独五服制度变化不大，直到今天，仍把它作为表示亲属关系的标准。

五等丧服的内容

五等丧服的内容，主要包括服式、服丧对象、服丧时间、居丧生活等。

（1）一等斩衰（音 cuī）三年。斩，是不缝边；衰，是衣服。斩衰，就是周边不加缝缉的毛边衣服，以粗麻布为料，制作简陋。另外，还包括用麻作腰带、冠缨，草麻鞋绳头朝外，用竹竿作拐杖等。

斩衰是五等丧服中最重的一种，服丧时间为三年。服丧的对象是：子女为父，妻妾为夫，父为长子。

五世九族血缘关系图：

世代					直系				
高祖					高祖父				
曾祖				曾祖伯叔	曾祖父	曾祖姑			
祖			从祖伯叔	祖伯叔	祖父	祖姑	从祖姑		
父		再从伯叔	从伯叔	伯叔	父	姑	从姑	再从姑	
本人	族兄弟	再从兄弟	从兄弟	兄弟	本人	姊妹	从姊妹	再从姊妹	族姊妹
子		再从侄	从侄	侄	子	侄女	从侄女	再从侄女	
孙			从侄孙	侄孙	孙	侄孙女	从侄孙女		
曾孙				曾侄孙	曾孙	曾侄孙女			
玄孙					玄孙				

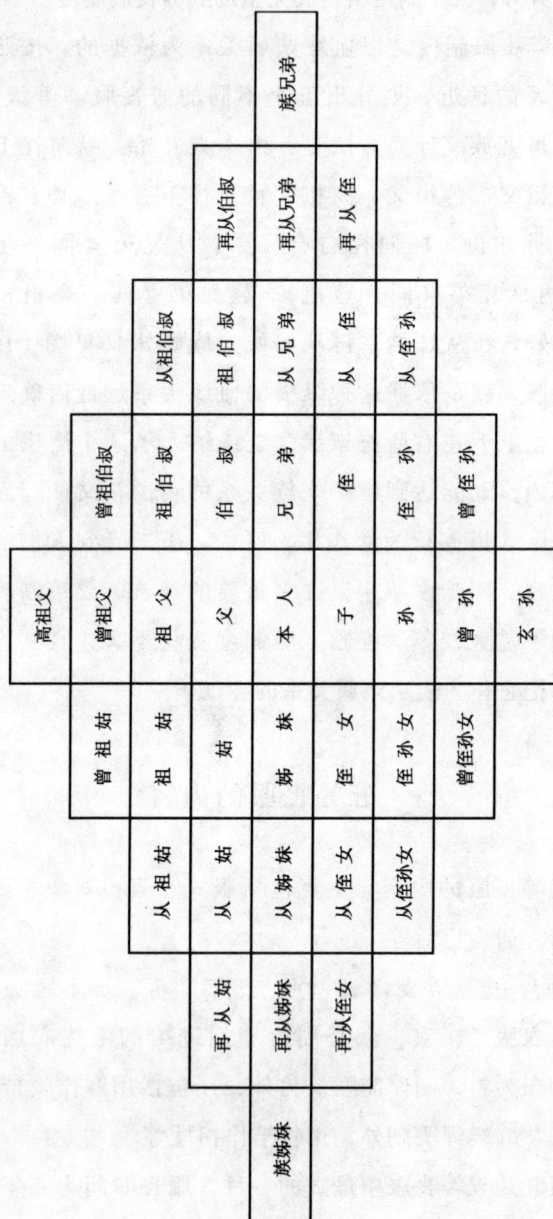

图 1　五世九族血缘关系图

父为一家至尊，对子女养育恩重，死后，子女自应服头等丧服。在男尊女卑的封建社会里，女子"以夫为天"，所以，妻妾为夫服头等丧服，也不难理解。唯独父为长子也斩衰三年，今人似乎感到困惑。但这里所说的长子，不是自然长子，而是经过宗族正式确立认可的。他可以是长子，也可以是次子、三子……可以是嫡子，也可以是庶子，关键是要经过正式确立。在古代宗法制度下，长子是族长的继承者，宗庙是由长子延续相传的。所以，他受到整个家庭的尊重。他死后，父亲为他斩衰三年，正是表示对宗族的敬重。同时，还应该说明的是，这里说的父，他本人身份也必须是长子，如不是长子，他无传宗的资格，也就不能为长子服头等丧服了。

（2）二等齐衰。齐，是缝缉的意思。齐衰，就是周边经过缝缉的衣服，仍以粗麻布为衣料。另外，还包括用雄麻作腰带，用布作冠缨，以桐木为杖，草鞋可以缉口。根据服丧的时间、对象不同，齐衰分为四种。

第一种是齐衰三年。服丧对象是父死为母、为继母、为慈母（古礼中称抚育自己成长的庶母或保母为慈母），还有母为长子。

对子女来说，父母养育之恩相同。但根据儒家"家无二尊"的伦理观念，为母服丧不能与为父服丧相同。尽管父亲已死，子女对母亲可以伸其私尊，服丧时间为三年，但由于父亲的余尊尚在，所以服饰不能与为父相同，不能是斩衰，而是齐衰。如果父亲还在，母亲先死，那么为母的丧服就更轻了。继母、慈母虽然不是骨肉之亲，但根据儒家的伦理道德，"继母如母"、"慈母如母"，所以服丧与为生母相同。至于母为长子齐衰三年，是因为长子为母也齐衰三年。

第二种是齐衰杖期。齐衰杖期与齐衰三年服饰完全相同，而且也有杖，只是服丧的时间是一年。这种丧服的服丧对象是：父在为母、夫为妻、出妻（已解除婚姻关系）之子为母。在封建社会中，男尊女卑，妻"以夫为天"。但夫妻互为配偶，同奉宗庙，为万世之主。所以，妻死，丈夫也要服丧，只是不对等，妻为夫斩衰三年，夫为妻只是齐衰一年。做子女的在父亲尚在时，不能为母服丧三年，只能齐衰一年。出妻是指已经离异的妻。父母离异后，夫妻关系虽然不存在了，但子女与母亲的骨肉之情永远存在。所以，母死，无论父亲已死还是活着，子女都要服衰杖期。如果出妻之子已被确立为长子，则无服。其母与父离异后，父族与母族之间的关系已断。所以，出妻之子对母亲虽有服，但对外祖父母则无服。

第三种是齐衰不杖期。这种丧服的服饰、服丧时间与齐衰杖期相同，差别只是无杖而已。服丧对象主要是孙为祖父母，侄为伯叔父母，兄弟之间，父母为长子以外的其他儿子，祖父母为嫡孙（确立长子身份的孙子）等。

第四种是齐衰三月。主要是曾孙为曾祖父母等，通常是葬后即除服。

（3）三等大功。大功服是用一种粗略的大功布制作的孝服。分殇大功与成人大功两种。

殇，是未成年而死亡，通常指 20 岁以下的人之死，按死亡年龄分 4 等：16～19 岁为长殇，12～15 岁为中殇，8～11 岁为下殇，不满 8 岁的为无服殇。殇大功服主要适用于父母为子女，侄为叔、为姑，兄弟姊妹之间，祖父母为嫡孙等。长殇服丧时间为 9 个月，中殇为 7 个月，下殇不在大功服之内。

成人大功服主要适用于父母为已出嫁之女，侄为已出嫁之姑，兄弟为已出嫁之姊妹，从兄弟之间，兄弟之间已过继给他人者，祖父母为庶孙，公婆为长子媳，孙媳为祖父母，侄为伯叔父母等。服丧时间为 9 个月。

（4）四等小功。小功是指用比较细的线织成的布。小功服和大功服一样，也分殇小功与成人小功两种，丧期都是 5 个月。

殇小功服主要适用于父母为子女、侄为叔姑、伯叔父母为侄、兄弟姊妹之间、祖父母为嫡孙等下殇（8～11 岁之间死亡者）；已过继他人的兄弟之间、从父兄弟之间、侄媳为叔、伯叔父母为侄、姑为侄、祖父母为庶孙等长殇（16～19 岁之间死亡者）。

成人小功服主要适用于为祖伯叔父母（父的伯叔父母），为从伯叔父母，为从兄弟，为已出嫁的从姊妹，祖父母为已出嫁的孙女，为外祖父母，为姨母，妯娌之间，为庶子之媳等。

（5）五等缌（音 sī）麻三月。缌麻，是指用细纱麻布制成的丧服。缌麻服是五等丧服中最轻的一种，葬后便除服。此等丧服主要是为曾祖伯叔父母，为从祖伯叔父母，为再从伯叔父母，为族兄弟，为庶孙媳，为外孙、外甥，为姑表、姨表兄弟，为岳父母，为婿等。

以上所述各种丧服，都是指殡后成服时的服饰。各种丧服并不是在服丧期内一穿到底，其中除齐衰三月、殇大功、殇小功、缌麻三月等葬后便除服以外，其他各种丧服，在服丧期内，都有一次或一次以上的变化，叫"受服"。这种变化是按上面所述的各种丧服的服制，由重而轻依次递降，不是又出现其他新的服饰。

居丧生活

五等丧服除服饰、服丧对象、服丧时间不同之外，还包括各不相同的居丧生活。其中，斩衰三年是最重的丧服，居丧生活最为严酷。

在居住方面，要求"居庐、寝苫、枕块"。庐，是临时搭起来的简陋的房子；寝苫，是睡觉时无席，只垫以草苫；枕块，是用土块作枕头，而且睡觉时不解衣带，要和衣而睡。这是埋葬前的住处。埋葬以后，可逐步改善。一周年小祥祭以后，可在原居室之外，另建一个小居室，叫"垩（音è）室"，可稍加装修；两周年大祥祭以后，可由垩室搬回原居室，但仍无床，只有到禫祭除服以后，才能恢复正常。3年之内，居处虽然有所变化，但有一条要严格遵守，就是始终不能与妻妾同居。

在饮食方面，要求也极为严格。逝者死后 3 日内，子女不许吃饭；3 日大殓后，可以喝粥，早晚各一把米，不吃菜果；埋葬后可吃粗米饭；周年小祥祭以后，可吃蔬菜瓜果；两周年大祥祭以后，可吃醋酱，仍不可饮酒吃肉。直到 3 年禫祭除服以后，饮食才可恢复正常。

齐衰居丧生活不如斩衰严酷。除父死为母齐衰三年与斩衰三年基本相同外，齐衰杖期，要求一年内居垩室，不入内寝，不饮酒食肉；齐衰不杖期、齐衰三月，葬后便可由垩室搬回原居室，可饮酒食肉，但不能参加宴席与他人以酒肉为乐。大功服的居丧生活禁忌比齐衰服更少，虽三月不入内寝，但睡觉有席。饮食方面，当死者断气后三餐不食，葬前粗食水饮，不吃菜果，葬后即可饮酒食肉，只是不能参加宴席与他人以酒肉为乐。小功服与缌麻服的居丧生活基本相同，只是在饮食方面稍有限制。死者断气后，分别两餐、一餐不食，葬后便可饮酒食肉，但不能立即与他人以酒肉为乐。

此外，为父母居丧守孝，还有诸如不洗澡、不理发、不作乐、不佩玉等许多禁忌。以上所述这些居丧要求，都是指先秦儒者的丧礼，民间似乎难以做到。

历代丧服制度的变化

五服制度虽然对后世的影响极大，但它毕竟有时代的局限性。所以，随着社会的发展进步，五服制度也发生了一些变化。这些变化，主要反映在唐《开元礼》、宋《政和礼》、明《孝慈录》和《清通礼》等历代礼书中。

唐贞观十四年（640 年），太宗李世民对礼官谈论丧服时说：同灶吃饭的尚有缌麻服，而叔嫂之间竟无服。又说：舅与姨关系相同，而丧服却不同，似乎不大妥当。经与礼官等讨论议定后，作了如下改动：为曾祖父，由原来的齐衰三月，加为齐衰五月；公婆为嫡媳，由大功九月，改为大功期年（即一年）；为庶子媳，由小功五月，改为大功九月；叔嫂弟妻之间，由无服改为小功五月；甥为舅，由缌麻三月改为小功五月。高宗显庆二年（657 年），经礼官长孙无忌奏请皇帝批准，舅为甥也小功五月。

丧服中，人们最重视的是为父母居丧守孝，尤其对父在为母齐衰期年议论颇多。高宗上元元年（674年），武则天为"母服期年"大鸣不平。她上表说：母亲对子女慈爱最深，"非母不生，非母不育，推燥居湿，咽苦吐甘，生养劳瘁，恩斯极矣！"母亲的养育之恩，理应报答。若父在为母服丧一年，尊敬父亲的礼数虽然周到了，但报母之恩未免有所缺欠，恐怕会伤害子女之志。她请求将父在为母齐衰期年改为三年。高宗采纳了她的意见，诏令施行。但只施行了 30 年，武则天一死，就被废止了。对此，礼官们的意见不一，有的赞成，有的反对，一直争论不休。直到开元七年（719 年），经玄宗李隆基裁定，仍遵古礼，父在为母齐衰期年。但仍有人不服，继续阐述为母守孝三年的道理。至开元二十年（732年），经中书令肖嵩等人奏请，又改为齐衰三年，并列入《开元礼》。

宋代丧服制度的最大变化，是把媳妇为公婆的丧服，由齐衰期年改为齐衰三年。明代取消了齐衰三年的服制，改为为母斩衰三年。

六　秦汉厚葬之风

"固若金汤"的秦皇陵

战国时代，秦国就流行厚葬。秦始皇继承先世遗风，他继位时仅 13 岁，就开始穿凿骊山，为自己营建陵墓。骊山在陕西临潼，相传这里阴面多金，阳面多玉。秦始皇统一六国以后，他更是好大喜功，在修建阿房宫的同时，又命丞相李斯从全国调集劳力 70 万人，加紧修造陵墓。建陵墓所用的大量文石，要从渭山开采运来。有歌谣描述当时运石的场面说："运石甘泉口，渭水为不流。千人一唱，万人相钩。"当挖凿到极深之处，"凿之不入，烧之不燃，叩之空空如下天状"，实在不能再继续深挖时，李斯冒死罪上报秦始皇。秦始皇命令：既然实在不能继续往深处穿凿，那就横向再凿二百丈。整个工程，前后用了数十年时间。

秦皇陵地宫究竟是什么样子，因未曾发掘，很难说得确切。但从有关文献记载可以知道，这是一座建筑坚固、规模宏伟、装饰豪华奢侈的地下宫殿。地宫周围用文石修砌，用铜汁浇灌，然后饰以珠玉、翡翠；

用夜明珠作日月，用水银造江河大海，上具天文，下具地理；又用鲸鱼油点灯，用金银制作禽兽。内藏奇珍异宝，不可计数，人称"秦王地市"。墓道里设有暗箭机关，如有人进去，会自动发射。为防止泄漏墓中机密，秦始皇的尸体下葬后，统治者竟将所有进入地宫制作和安放灵柩的工匠全部关在墓道中，活活埋葬。

陵园建在骊山北麓，正面朝东，分内城和外城。据考古学家勘测，内城围墙长 1300 米、宽 578 米，面积 75 万平方米。外城城墙长 2173 米、宽 974 米，面积 211 万平方米。围墙内有雄伟的寝殿建筑群。

威武雄壮的兵马俑

秦始皇一生多征战，经过 20 多年的厮杀，终于平定六国，建立了秦王朝。所以，兵马在秦始皇的心目中占有极为重要的地位。他为了死后也能和活着的时候一样，威武凛凛，便用阵容庞大的兵马俑陪葬，所以在营建陵墓的同时，组织工匠，开始兵马俑坑的建造。

迄今为止，已在陵园东侧发掘了 4 座兵马俑坑。其中有 1 座是未建成的空坑，说明直到秦始皇死时，工程尚未完成。已建成的 3 座，一号坑 1300 平方米，二号坑 6000 平方米，三号坑 520 平方米，都是土木混合结构的地下建筑。

一号坑是用战车和步兵相间排列的军阵。前 3 排横队的 300 多个弓弩手，为军阵前锋；随后的是 38 路纵队步兵和驷马战车，为军阵的本阵；军阵左右两侧和阵尾各一排朝外的弓弩手，是军阵的两翼和后卫。整个军阵共有兵马俑 6000 个左右。

二号坑是一个以战车和骑兵为主的军阵。由弓弩手方阵、战车方阵、战徒结合的长方阵、车骑结合的长方阵 4 个小方阵组成。共有战车 89 辆、驾车马 356 匹、鞍马 116 匹、各种武士俑 900 多个。

三号坑只有漂亮的战车一辆，两厢有执兵器的仪仗。

陶俑、陶马如同真人真马一般大小，形象逼真，栩栩如生，工艺水平很高。秦始皇用如此规模庞大的兵马俑陪葬，真是别出心裁。

8 奢华的金缕玉衣

鉴于秦朝暴政和连年战争所带来的经济凋敝，西汉初年，统治者为恢复生产，安定百姓，大力提倡节俭，丧葬也一样。文帝刘恒尚有提倡薄葬短丧的诏令。但到他的孙子武帝以后，情况就不同了。随着经济的发展，政治的稳定，特别是神学的盛行，厚葬风气越来越严重，金缕玉衣便是汉代厚葬之风的体现。

玉衣也称玉匣，是作为死者殓衣用的。它是由先秦"含玉"演化而来。先秦时期，人们非常珍惜玉石，把它人格化，认为它有多种美德，甚至把玉石看作是神圣的化身，能驱鬼避邪。所以，许多人不仅生前佩带，死后还要口含。汉代，这种玉石迷信进一步发展，认为它还有防腐作用，能保护尸体。于是，便由口含玉片发展到身穿玉衣。

玉衣有金缕玉衣、银缕玉衣、铜缕玉衣和丝缕玉衣之分，分别用金线、银线、铜线、丝线将磨制加工后的玉片缝结而成，形如铠甲。汉武帝死后所穿的玉衣，上面还用金丝编成龙凤龟麟，称为"蛟龙玉衣"。

文献对玉衣的解释极为简单，但考古发掘却提供了实物资料，使人们大开眼界。根据考古发掘报告，这里将西汉中山孝王刘兴的玉衣作一简单介绍。

刘兴的金缕玉衣，是1973年在河北定县出土的。玉衣长1.83米，分为头部、上身、双臂、双手、双腿、双脚等部分，共用玉片1203块、金丝约2580克。玉片形状大多数为梯形、长方形，少数为三角形或不规则四边形，都是根据所在部位的需要而制作的。玉衣的所有部件，都是用金丝缝结的。每块玉片上有4个小圆孔，用两根金丝在背面作"十"字交叉，穿过圆孔，在正面拧一道麻花，然后自左至右，向下盘成圆结。所有玉片，正面都经过抛光，颜色协调。金丝较粗，经过仔细加工，断面一律为圆形。据专家估计，制作这样一件玉衣，当时一个熟练的玉石工人，至少要用10年的时间。

值得注意的是，汉代权贵死后穿玉衣的并不是个别现象，而是相当普遍。朝廷设有专门负责制作玉衣的"将作大匠"，常年制作，随时赐给应当服用的人，郡县官吏和民间富豪也有自行制作使用的。近几十年来，在河北、江苏、山东、河南、安徽、陕西、湖南、广东、云南等地，都有玉衣发现，其中在河北发现最多，仅保存完整的就有 7 件。据粗略统计，各地出土的玉衣，迄今已有 30 多件，其中金缕玉衣 9 件、银缕玉衣 8 件、铜缕玉衣 12 件、丝缕玉衣 1 件。此外，还有缕种不明的。

玉衣作为厚葬之风盛行时期的一种特殊殓衣，仅流行于西汉。这种奢侈行为受到世人的猛烈抨击，随着西汉的灭亡，也就销声匿迹了。

4 耗费惊人的黄肠题凑

汉代已开始流行洞室墓，棺材和陪葬物品放在洞室中，洞口经过封堵，可以防止填土侵入，起到椁的作用。所以，椁在汉代使用逐渐减少，只有土坑墓仍使用椁。不过，凡是棺椁兼用的，棺椁形体都比较大，规格较高，所用木材较多。尤其是"黄肠题凑"，耗费木材数量更是惊人。

"黄肠题凑"是汉代盛行一时的独特棺椁形制，一般都是由皇帝恩赐，也有个人擅自制作使用的。所谓"黄肠"，是指用黄心的柏木堆垒成椁；"题凑"是指木头一端向内，和墓壁成"T"字形。这种根据古代文献所作的解释，仍难免使人感到抽象模糊，我们不妨举一实例。

1974 年在北京丰台发掘的西汉燕王刘旦的墓葬，棺椁就是"黄肠题凑"形制。墓坑内的木结构墓室，分前室、后室、内回廊、外回廊等部分，葬具为 5 层棺、2层椁，共7层。5层棺层层套合，放在后室的棺床上。内棺里外都涂红漆，其他4层外棺，都是外涂黑漆，里面涂红漆。5层棺共用大型楠木、楸木110块，达数十立方米。棺床用10行共20块大扁方木拼成，每块长2.75米、宽0.55米、厚0.2米，共用木材6立方米。两层椁，内层用扁平木叠成"冂"形，南北长5.5米，东西宽5.75米，高3米。外层椁南北长7.2米，东西宽9米，高3.3米。两层椁之间，有宽1.6米的内回廊，是放精细陪葬品的地方。前室是"便房"，是供死者灵魂休息的地方，有三梁四柱，南北长7米，东西宽9米，高4米。南面有门，和甬道相通。在后室、前室和内回廊周围，堆垒方木，就是"黄肠题凑"。黄肠题凑的北壁，上下30层，每层纵铺方木108根，东西两壁也上下30层，每层横铺方木160根；南壁有门，门的东西两边上下各铺方木30层，每层纵铺34根。四壁的方木，都是一头朝里。方木一般长0.9米，宽、厚各0.1米，共用15880根，合120立方米。在黄肠题凑外侧，还有用扁木围成的外回廊，是放陪葬的木俑、车马、动物的地方。

🌀 壁画墓和画像石墓

汉代的墓葬，已由以往的竖穴土坑墓演变为洞室墓。这种洞室墓，除一般单纯的土洞墓以外，还有壁画墓和画像石墓。这两种墓葬，都出现于西汉晚期，盛行于东汉。

壁画墓，是指带彩绘的砖室墓。这种壁画砖室墓，在北京、河北、山东、辽宁、内蒙古、河南、山西等地都有发现。墓葬的布局，一般是在一条中轴线上，有三四进用砖砌成的墓室，旁边多带有耳室，全长20米以上。在墓室的四壁、券顶、甬道、墓门额上，绘满了彩色图画。

壁画墓的图画题材，西汉时大多是想象中人死后升天和驱邪的故事。如1976年在河南洛阳发掘的一座壁画墓，墓门额上画的是"人头神鸟"；主室顶部，东端画的是"伏羲和日象"，西端画的是"女娲和日象"，中间画的是两男两女分别乘龙、凤，在仙人引导下，随在双龙、白虎、朱雀、枭羊等仙禽神兽之后升天的图像；后壁上方画的是专门驱邪的"方相氏"，下方是青龙、白虎。东汉时的彩绘题材，大多是死者生前生活的场面：有的是以车马出行图为主，辅以官署、宅第、属吏；有的是死者的仕途经历；有的是死者的庄园等。如1952年在河北望都发掘的一座壁画墓，壁画绘在前室四壁，以及前室至中室之间的甬道两壁上。画面分上下两栏，上栏画的是属吏图，每个图像都有题字，如"门亭长"、"寺门卒"、"门下小吏"、"主簿"、"主记吏"等近20个名目，表明死者生前是个官吏。

使用壁画墓的人，大多是"千石"以上的官吏，但也有不是官吏的富有之人。如有的墓葬的壁画，既无官署、属吏，也无车马出行图，只有一辆马车或牛车，墓主很可能没有官职。

画像石墓，是指在石料结构墓室或砖石混用的石构件上，雕刻精美的画像。它既反映出丧葬中的奢侈现象，又表现出汉代石刻艺术的发展水平。

西汉晚期的画像石墓，石刻多用阴线技法，画面比较简单。东汉则有很大发展，画像内容丰富，大量使用凸面线刻和剔地浮雕的技法，相当精美。而且，墓葬的规模也比砖室壁画墓更大。这种画像石墓，在山东、江苏、河南、安徽、湖北、陕西、山西、北京、浙江、四川等许多地方都有发现，尤以山东和江苏最多，比较典型的有江苏铜山青山泉白集汉墓、山东安邱董家庄汉墓和沂南汉墓。

铜山青山泉白集汉墓是一座建在地面上的石室墓，有前室、中室、两个后室，中室还带有两个耳室。在墓室前方还有一间小石室，可能是"享堂"（祠堂），和各个墓室一同被掩埋在一个很大的坟堆之下。墓室和享堂共有24块剔地浮雕画像，内容有的表现神仙世界的伏羲、女娲、神人、玉兔等，也有的表现日常生活中的乐舞、祭吊、出游、狩猎等。

安邱董家庄画像石墓由前室、中室、后室和甬道组成。中室带两个耳室，后室分东西两间，角落有厕所。全部都是用巨大石板砌成，共有103块画像石组成69幅画面。画像内容，既有反映现实生活的车马出行、百戏、狩猎等，也有表现升天成神内容的仙人骑鹿、仙人云车、伏羲、女娲及大量奇禽怪兽。画像大多为剔地浮雕，也有高浮雕和透雕，形态极为生动逼真。

最著名的是沂南画像石墓，共有 8 个石室，包括前、中、后 3 个主室和两侧的 5 个耳室。墓门和 3 个主室的四壁，砌有 42 块画像石，共 73 幅画像。画像采用高浮雕、透雕、阴线刻等综合技法作成，图像真切，协调自如。画像的内容，是以炫耀门第和功绩的祭祀图、征战图为主，也有神话人物和珍禽瑞兽。

6 石碑与石刻

西周以前，没有祭墓的礼俗，所以，埋葬后不留标志，不起坟。春秋时开始出现坟丘，但不普遍。汉代则普遍流行筑坟，而且互相攀比，看谁家筑得高大。西汉大臣孔光死后，调 500 官兵为他筑坟。《汉书》说大将卫青的坟"像庐山"，霍去病的坟"像祁连山"。就连一般老百姓的坟，高度也在两三丈左右。不仅如此，在坟前建祠堂、设阙、立碑、开神道、树石刻等风气也非常盛行。

（1）祠堂。多用石头建造，所以也称"石祠"。尤其是东汉时期的石祠，一般都有雕刻彩绘，壮丽异常，而且很坚固，有的至今还保存得很好。

（2）阙楼。在汉代以前阙楼本来是建在宫廷门外的，据说是为悬挂法令文告用的。汉代除宫廷门前建阙楼以外，坟墓祠堂前也流行建阙楼，并以阙楼结构来区别死者身份地位的高低，所以有单出阙、二出阙、三出阙之分。这种建筑也多用石头建成，所以也称"石阙"。石阙上面，除刻死者的姓名、官职（也有刻履历的）外，还有精美的雕刻画。四川、河南、山东等地至今保留有汉代石阙。如四川雅安县高颐坟前的石阙，高6米，阙顶刻有雄鹰，阙壁刻有历史故事图画，至今保存完好。

（3）石碑。出现于东汉。一经出现，便流行极广，上自帝王将相，下至一般百姓，都热衷在坟前树立石碑。不仅成年人死后墓前立碑，甚至连夭折的儿童坟前也立碑。在坟前立碑，目的是为死者歌功颂德，碑文主要是刻死者的履历，所谓"树碑立传"。但也有个别人生前不得志，借碑文发牢骚的。如东汉人赵嘉生前自作碑文："汉有逸人，姓赵名嘉，有志无时，命也奈何！"

（4）华表。最早为木柱，出现于战国，流行于西汉。东汉时，用石柱代替木柱。由于它立在墓前的神道之上，也称"神道碑"。通常每墓立一座，也有立两座的。神道碑上一般只刻"某某神道"几个字。

（5）象生石刻。是指石人、石兽等。在墓前立象生石刻，就目前所见，时间最早的是西安的西汉霍去病墓。墓前有高大的石人、石马、石象、石羊、石猪等10多件。东汉时，象生石刻广为流行。这些石刻，最常见的是石人、石马、石羊、石虎、石狮、石鹿、石象、石骆驼等；少数有"神兽"，如"辟邪"、"天禄"等。一般是一墓有两三种，每种一对。少数官僚、地主的大墓，各种石刻都有。这些石人、石兽，一般形体巨大，雕刻精美。如曹操父亲曹嵩墓前的石马，高达八尺五寸；水长校尉蔡瑁墓前的石鹿，高九尺。有的石人、神兽胸前或胳膊上还刻有人名、兽名。

7 厚葬之风的危害

丧葬处理的对象虽然是死人，但都是由活着的人操作的。厚葬之风的盛行，无论是对国家还是对个人，危害都很大。

（1）浪费了大量钱财。汉代皇帝即位后的第二年，便开始为自己建造陵墓，通常到死的时候才能完工。史书记载说，"天下贡赋三分之，一供宗庙，一供宾客，一充山陵"。"充山陵"就是用来建造陵墓。这就是说，为皇帝建造陵墓，费用要占全国财政收入的三分之一。这种惊人的浪费，后果自然极为严重。如西汉成帝刘骜（音 ào），先建延陵，已费 10 年之功，后听别人谗言，放弃延陵，重建昌陵。昌陵地势低洼，要从东山运土填垫，土方成本"与谷同价"。施工 5 年后又停止，再建延陵。如此折腾，以致造成"公家无一年之蓄，百姓无旬日之储，上下俱溃，无以相救"的局面。百姓流离失所，怨声载道，"饿死于道者以百万计"。至于民间，厚葬风气也严重地影响着人们的经济生活，为厚葬父母而债台高筑，甚至倾家荡产者不乏其人。

（2）有害于道德风尚。最常见的是"约生待终"，也就是父母在时，尽量使他们节衣缩食，以积攒钱财，准备死后铺张，用父母之饥寒来换取虚荣。而且，这种不道德的做法，并不完全是因为经济不宽裕、不得已而为之，而是受"厚葬为孝、薄葬为鄙"观念的毒害。许多富有人家，包括京师贵戚、郡县豪吏，生不厚养、死后崇丧的现象也很严重。

（3）赙赠成为变相敛财的手段。赙赠，是人死以后，亲朋好友给丧家送礼。这本来是表示对死者的哀悼和帮助料理丧事，但由于厚葬之风盛行，治丧费用越来越大，因此，赙赠也就变成敛财的手段。有的人在亲属死后，为多收礼，到处报丧，大宴宾客，全无哀痛之情；有的甚至以送礼多少来划分亲疏远近；有的凭借权势和地位，暗示或勒令别人送礼，把赙赠变成摊派；更有不少官吏，为收礼而枉法。他们把收来的钱财，在治丧时大肆铺张浪费，或者用来购置田产，通过给父母办理丧事来发财致富。

就送礼的人来说，虽然有的是出于对死者的哀悼，对丧家的同情；有的是畏惧丧家的权势地位，不得已而为之；但也有人动机不良，以送礼而谋私；更有人把送礼当作诱饵，进行拉帮结派活动。西汉时，有个叫朱建的人，本来刚直廉洁，曾因劝阻淮南王黥布谋反，而受到皇帝的褒扬，名声很大。心怀不轨的辟阳侯审食其想拉拢他，被他拒绝。朱建为母亲办丧事时，有人便劝辟阳侯趁机送重礼，以图与朱建交好，辟阳侯便送去了百金。朱建收礼后，果然同以前判若两人，变成了辟阳侯的死党。后来，辟阳侯两次遇杀身之罪，都因朱建为他在皇帝面前说情而得到宽免。但最后，因辟阳侯罪大恶极被淮南厉王所杀，朱建也畏罪自杀。

七　魏晋薄葬的流行

薄葬流行的原因

中国的丧葬风俗，在魏晋南北朝时发生了惊人的变化，这就是从汉代盛行的厚葬，骤然转为薄葬。这一重大变化有深刻的社会原因。

（1）社会动乱和经济萧条。社会安定和经济发展是厚葬流行的首要条件。然而从东汉后期黄巾起义到隋朝统一，前后近400年的时间内，经三国、两晋到南北朝，像走马灯一样，先后建立过30多个政权。长期的分裂割据和连年不断的战争，使人口大量减少，田园荒芜，许多人被迫背井离乡，四处逃亡。两晋之际，在全国范围内出现了史无前例的人口大流亡，饿死病死的数以万计，"尸骨遍于野，千里无鸡鸣"，土掩尚来不及，怎么厚葬？就是那些富有的军阀豪强，也大多热衷于争权和发展势力，对死后的事不多考虑。

（2）思想观念的变化。经过东汉末年以来的长期战争，作为统治思想的神学面临破产，黄老思潮再次兴起。新出现的一批思想家，批评儒家思想无用，说六经是"秽物"、"读经是鬼话",骂信奉礼教的人是"破裤子里的虱子",标榜放荡自然。在他们的思想影响下,统治者多贪图权力,传统的伦理道德观念相对淡薄,对死后的事不再像以往那样重视。道教、佛教的盛行,更给传统的丧葬礼制以很大冲击。

道教创始于东汉,魏晋时逐渐盛行,北魏甚至把它定为国教。道教依托于先秦道家学派,奉黄帝、老子为教主。先秦道家是主张薄葬的,视死如归,把死看成"回归自然"。道教继承了这一理论,以"修身"为宗旨,宣传炼丹、养生延年、成仙得道。道家这种修身养生的宣传,自然迎合了王公贵族妄图长生不老的心理。所以,炼丹之风很快流行起来,影响很广。既然追求长生不老、死后成仙得道,那么,对现实便持虚无主义态度,对丧葬也就不十分重视,不追求厚葬了。道士参与丧葬活动,和巫师一样,主要是做法术,驱鬼避邪,而不是儒家的那些繁琐礼仪。

佛教的影响对薄葬的流行也有很大促进作用。佛教在西汉时传入我国,魏晋南北朝时广泛流传。帝王、贵族、官僚大多信奉佛教。如南朝的梁武帝,曾3次出家当和尚。在他的倡导下,僧尼大增。北魏有佛寺3万多处、僧民300多万人,事佛方式也更讲求实际,不惜代价地开凿石窟,塑造佛像。如举世闻名的云岗石窟、洛阳龙门石窟等,都是这个时候开凿的。佛教信仰"六道轮回"之说,认为人死以后,灵魂会很快转世,不会长久待在地下,所以不主张厚葬。佛教徒死后,有的火化,有的浅埋。因此,佛教的广泛流传,对薄葬的流行也有很大关系。

（3）少数民族葬俗的影响。我国北方广大游牧民族没有儒家传统思想束缚，历来实行薄葬。魏晋南北朝时，这些游牧民族纷纷进入中原地区，出现了历史上空前的民族大融合局面。少数民族人口大量内迁，长期和汉人杂居，虽然是汉族文化对少数民族影响更大，但汉族也受到少数民族文化的影响。特别是有的少数民族入居中原建立政权以后，这种影响就更为明显。丧葬作为一种文化现象，自然也不会例外。

（4）盗墓行为使有钱人不敢厚葬。盗墓是与厚葬并存的。特别是战乱和饥荒年代，盗墓之风就更加盛行。西汉末年，赤眉军曾将西汉所有帝王陵墓洗劫一空。东汉末年，军阀董卓、吕布又发掘东汉帝王陵墓，获取珍宝。其他大小军阀也各显身手，纷纷掘墓。灾荒之年，饥民掘墓取衣捡物的，更是普遍。如果仅掠取财物也罢，不少盗墓者往往将墓主抛尸荒野，肆意践踏。正是基于这些原因，不少高官士阀便不敢将大量财物葬于墓中任人取舍，所以，薄葬在此时极为风行。

三国时帝王率先薄葬

魏武帝曹操是个有远见卓识的政治家，对包括厚葬之风在内的各种社会弊病了如指掌，因此他积极提倡薄葬。东汉建安十年（205 年），他在冀州下令不准厚葬，禁止在墓前立碑。他认为，人死以后，厚葬"繁而无益"。他去世的前两年，便对自己的后事作了安排：陵墓选在贫瘠荒芜之地，不起坟，不植树；送终衣服四箧，分别写上春、夏、秋、冬字样，不许再增加。临终前又嘱咐后人，他死后，如没有什么忌讳，可随时入殓，殓后即葬，葬后便除服；军队不得离开军营，各级官吏不得擅离职守；殓衣用平常所穿的衣服，入葬时不准陪葬金玉珍宝。东汉延康元年（220年），曹操死于洛阳，其子曹丕（是年称帝，为魏文帝，年号改为魏黄初元年）遵照他的遗命，丧事一切从简。曹操葬于邺（今河南安阳北），因高为墓，不起坟，仅在墓前设祭房一座。禫祭除服时，进奉金玺藏于墓土中。两年后祭房倒塌，墓上再无任何标志。

魏文帝曹丕秉承乃父遗风，也主张薄葬。他要求其寿陵不建寝殿，不建园林，不开神道，不准陪葬金银铜铁物，明器一律为瓦器。他还严厉告诫说：若违反他的诏令，擅自改变，他将把违反诏令者"戮尸地下，戮而重戮，死而重死"。曹丕死后，一切均照他的遗命办事，从死到葬，前后仅21天。由于曹魏推行薄葬，取消了在墓上建寝殿，立石碑、石刻的制度，墓上不留任何标志，所以，曹魏皇帝陵墓至今尚未发现。

曹操父子的薄葬言行，对魏国的丧葬影响很大。曹丕的儿子顺帝曹睿，虽秉性奢侈，但也不敢违反祖训；曹操的儿子曹植、曹兖，也都遵照父兄的遗训，实行薄葬。最爱越礼妄行的皇亲国戚，也不得不自我约束。曹丕之妻郭皇后的外甥企图厚葬其母，被郭皇后坚决制止，其他大臣、贵族、官僚也纷纷立下遗嘱，死后薄葬。如太常韩暨的遗书说：死后"殓以时服，葬以土藏,穿毕便葬,送以瓦器,慎勿有所增益"。同时,他又上疏朝廷说:活着要有益于人民,死后不要贻害于人民,百姓正忙于农活,不要打扰他们,不要让官吏、百姓为他供置葬具。由于帝王权贵率先实行薄葬,薄葬风气在魏国普遍流行。

蜀国是刘备为复兴汉室建立的国家,各种制度虽沿袭汉朝,但对待治丧一事,却提倡节俭,反对奢侈浪费。蜀章武三年(223年),刘备死于白帝城(今四川奉节),临终前遗诏:百官举哀,三日除服;灵柩由白帝城运回成都安葬,一切从俭。丞相诸葛亮虽功名显赫,但仍坚持实行薄葬。他临终前遗令:死后葬定军山(在今陕西勉县东南),"因山为坟,冢足容棺,殓以时服,不需器物"。光禄大夫谯周临终前遗言:死后,如朝廷恩赐朝服,切不要穿;归葬祖坟的道路艰险难行,可做一个轻便的棺材;殓葬完毕,将朝服送还。

吴国雄踞江南,比较富庶,丧葬比魏国、蜀国稍为讲究,但仍行薄葬。关于吴国诸帝的丧事情况,缺乏文献记载,而大臣中却有许多实行薄葬的。如大臣张昭、大将军诸葛瑾父子、大司马吕岱等人,都遗言死后薄葬。从考古发掘资料来看,吴国的墓葬形制虽沿袭东汉,但规模却大大缩小;陪葬物品除常见的陶器、明器、钱币及金银首饰外,青瓷器明显增多,反映出当时吴国的青瓷制造业已有较大发展。

🌥 简陋的两晋帝王陵墓

魏咸熙二年(265年),魏国的实权派人物司马炎取代曹魏称帝，国号晋，建都洛阳，史称西晋。建兴四年（316年），匈奴人灭西晋，北方进入五胡十六国时期。建武元年（317年），司马睿重建晋朝，都建康（今南京市），史称东晋。

两晋基本上沿袭魏国丧制，实行薄葬。西晋的开国皇帝司马炎的父祖，在魏国时已左右朝政，地位显赫。但他们作为魏国的大臣，仍遵守魏国的丧制，实行薄葬。西晋建立后，武帝司马炎励精图治，发展生产，奉行先祖遗制，大力推行薄葬。晋泰始三年（267年），礼部衙门奏请迁移其祖父司马懿墓附近居民，以扩大陵区，武帝不准。第二年皇太后死，为合葬，须打开其父司马昭的陵墓。武帝令太尉司马望前往致祭，进奉蜜玺。蜜玺是用蜡制作的，这比曹丕为其父曹操所进金玺更为节俭。晋咸宁四年（278年），武帝发布诏令，批评在墓前立碑、设石人石兽等是"既私褒美，兴长虚伪，伤财害人，莫大于此"。他下令严加禁止，擅自设置的，要一律毁掉。

西晋的几位皇帝，在其帝陵旁基本上没有搞建筑或其他设施，墓室也极简陋。例如，文帝司马昭、武帝司马炎的陵墓，经考古学家勘测，都是土洞墓，墓室很小。司马昭的陵墓，墓室长约4.5米、宽约3.7米，仅墓底铺砖；司马炎的陵墓，墓室长5.5米、宽3米。

由于皇帝带头薄葬，大小官吏都不敢奢侈，甚至以薄葬为荣。自作终制，遗言薄葬，一时成为社会风尚。太保王祥遗言：气绝，只洗手足，不须沐浴，不须用布匹裹尸；殓衣用生前所穿的旧衣，不必重新制作；墓地选土质坚硬之处，不须用砖石砌垒，不堆坟丘。谏议大夫庾峻的"终制"说：朝死夕殡，葬勿择日。名士黄甫谧的"终制"文字很长，主要是告诫子孙：要朝死夕殡，夕死朝葬，不用棺椁，不制新衣。还说：他本来想裸葬（不穿衣服），光身埋入土坑，但恐与人情不合，所以，他决定死后即殓，殓用时服，用席子裹尸，用麻绳捆扎，择不毛之地，挖十尺深坑，将尸体埋葬；生前所用器物，一概不准随葬，唯葬《孝经》一卷，以表示不忘孝道；葬时封土与地面持平，将挖墓坑时掘出的草，仍种在上面，以不误其生长。死后，其子均按所嘱办理。经济富裕、生活比较奢侈的人，也有不少死后薄葬的。如散骑常侍夏侯湛，出身豪门，平时生活奢侈，但临终前却遗嘱薄葬："小棺薄殓，不修封树。"因此，人们评论说："生不砥砺名节，死则俭约令终，是深达存亡之理。"更有一些社会贤达，对丧葬不予重视。"竹林七贤"之一的刘伶，乘车出行时，常令人带着铁锹跟随车后，嘱咐说：死在哪里，便挖坑埋掉。对死后的一切，全无顾及，极为洒脱。

东晋基本上沿袭西晋丧俗，仍以薄葬为主。明帝司马绍临终前遗诏：丧事"一遵先度，务从俭约，劳众崇饰，皆勿为也"。成帝司马衍、孝武帝司马曜等，都是极力推行薄葬的人。晋咸康七年（341 年）皇太后死，负责办理丧事的官员奏请在陵墓前建造"凶门"。司马衍说：建凶门"大为烦费"，诏令停止，并不许在墓中增加任何装饰。他说："重埌之下，岂宜崇饰无用，陵中唯洁扫而已。"礼官又奏请挑选公卿子弟60人作挽郎，司马衍也不准。晋太元四年（379年），孝武帝司马曜的皇后死，司马曜特诏令：丧事唯从俭速。穆帝司马聃在东晋皇帝中算是一个稍有厚葬意识的人，打算死后在墓中随葬"宝器"。但大臣江道援引宣帝司马懿关于不用明器的遗令，进谏反对。司马聃无奈，只好遵"先旨"而行，不用宝器。

东晋皇帝的陵墓，都在都城建康城外的富贵山一带，于山腰凿穴而成，大多不筑坟丘。10个皇帝陵中，起坟的只有一座，那就是司马聃的永平陵。坟丘周围四十步，高一丈六尺。这与汉代帝陵相比，也是小巫见大巫。

4 北方民族的潜葬

东晋时期，司马氏政权一直偏居江南。从匈奴人刘渊称王反晋，到北魏统一北方的100多年内，匈奴、鲜卑、羯、氐、羌等游牧民族先后入主中原，建立割据政权，史称"五胡十六国"。这些游牧民族进入中原后，虽然由游牧改为农耕定居，和汉人杂处，但民族之间的隔阂仍相当严重。包括丧葬在内，许多方面仍保持原来的风俗，特别是统治阶层，戒备心理严重，为防止坟墓被盗，多实行潜葬方式。潜葬，就是秘密地埋葬，不留痕迹，不让人知道，当然更无坟丘和墓上建筑。如赵明帝石勒之母王氏死后，便被偷偷地埋在山谷里。为掩人耳目，又在别处进行虚葬，设个空墓而已。石勒死后，也是先秘密地埋在山谷，然后再表演一番虚葬。

南燕国的建立者献武帝慕容德死后，丧葬更为离奇：作了 10 具棺材，在夜间分别由都城四门抬出，潜葬在山谷，人们竟不知道尸体在哪一具棺材里。

不仅帝王如此，一般平民百姓也多采用这种埋葬方式：先将尸体悄悄地埋在山谷里，然后再用一具空棺，举行送葬仪式。应当说，死后潜葬，不让人知道尸体埋在什么地方，是当时北方民族普遍流行的一种葬俗。

既然实行潜葬，行动诡秘，那么，治丧便不铺张。无论是陵墓、棺椁、陪葬物品，以及治丧礼仪，都远比汉族简单。如赵明帝石勒临终前遗诏：死后三日即葬，内外官吏，葬后便除服；婚嫁、祭祀、饮酒、食肉、娱乐等，一概不加禁止；殓衣用时服，载棺用常用之车，墓内不准陪葬金银宝器等。

八 厚葬风气再起的
唐代丧葬

隋文帝坚持薄葬

　　隋朝的开国皇帝杨坚以节俭著称。他曾告诫太子杨勇说："历观前代帝王，未有奢华而得长久者。你做副君，应该以节俭为先。"他还下令将宫内所有雕饰旧物全部拆除；禁止地方官吏进献犬马器玩等物；将太常寺所管散乐人员放出，不许搞杂乐百戏。秦王杨俊因奢侈淫逸，被黜为庶人。在他的严格要求下，贵族官僚也不敢奢侈，衣着一般用布帛制作，无金玉装饰。杨坚这种憎恶奢侈的思想作风，表现在丧葬上，自然是反对厚葬。秦王杨俊死后，有的官吏为他奏请立碑，而杨坚不准。他说："欲求名，一卷史书足矣，何用立碑。若子孙不能保家，徒与人作镇石耳。"为了防止秦汉时那种无法可依的厚葬风气再起，杨坚特制定"丧制"，上自王公贵族，下至平民百姓，治丧所用的棺柩、殓衣、明器、灵车、坟墓等等，都有明确而具体的规定。对五品以上的官吏要求更严，朝廷要派专人监理丧事，不准随意僭越。

唐代丧制

唐代更加重视法制，不断制定与完善各种规章制度，丧葬也不例外。贞观年间，唐太宗李世民命房玄龄、魏徵主持修订礼书，著成《贞观礼》100 卷，将丧礼由原来五礼中第二位移至最后。永徽初年，高宗李治嫌《贞观礼》不够详尽，令太尉长孙无忌、中书令李义府等人重新辑定，增加到 130 卷。开元年间，再次修订，由起居舍人王仲丘完成《大唐开元礼》150卷，诏颁天下遵行。《开元礼》的内容，基本上沿袭先秦儒家丧礼，但也根据时事的变迁作了不少改动。该书对后世的影响颇大。

开元丧礼或因依据不足，或因臣下不敢擅言，对皇帝丧礼避而不谈，而对各级官吏及百姓的丧礼，却规定得非常详尽具体。各级官吏和百姓都要按不同规定治丧，不得僭越。现举其要点于下：

（1）终称。凡官吏死亡，三品以上者称"薨"，四品、五品称"卒"，六品以下及一般平民百姓称死。

（2）含。三品以上者用璧，四品、五品用碧，六品以下用贝。

（3）铭旌。旌旗为绛色整幅布，三品以上长九尺，四品、五品长八尺，六品以下长六尺。旗杆，五品以上为龙头韬杠（带外套的木杠），六品以下为无龙头韬杠。旗上书写"某官封之枢"。如死者为女性，其丈夫有官封者，则书"某官封夫人姓之枢"；其子有官封者，则书"某太夫人之枢"。若无官封者，刻书"某姓官之枢。"

（4）重。三品以上长八尺，四品、五品长七尺，六品以下长六尺；宽度各为长度之半。

（5）殓衣。凡为品官者，不分品级，小殓衣一律19件，大殓衣30件，其中朝服1件，其余用常服。百姓各随其便。

（6）灵车。一品：引四，披六，铎左右各八，黼翣二，黻翣二，画翣二；二品、三品：引二，披四，铎左右各六，黼翣二，画翣二；四品、五品：引二，披二，铎左右各四，黼翣二，画翣二；六至九品：披二，铎二，画翣二。引，即灵车的引索，用白布在前面牵引灵车；披，是灵车的旁索，用来保持灵车平稳行进；铎，是大铜铃；翣（音 shà），是棺饰，用木作框，上面覆布；黼（音 fǔ），礼服上的花纹，颜色为白、黑两色；黻（音 fú），礼服上的花纹，颜色为黑、青两色。

（7）明器。三品以上90件，四品、五品60件，六品以下40件。均用瓦木制作。

（8）牲苴。即祭品，三品以上7包，四品、五品5包，六品以下2包。

（9）坟墓。一品墓地方圆90步，坟高1丈8尺；二品墓地方圆80步，坟高1丈6尺；三品墓地方圆70步，坟高1丈4尺；四品墓地方圆60步，坟高1丈2尺；五品墓地方圆50步，坟高9尺；六品以下墓地方圆 20 步，坟高 7 尺。

（10）阙。四品以上石阙，五品土阙，六品以下无阙，仅封土而已。

（11）石碑。五品以上立碑，碑座为龙头龟身，碑身高不超过 9 尺；六品、七品方座，碑身高 4 尺；其余不立碑。

（12）石刻。即石人、石兽。三品以上 6 件，四品、五品 4 件，六品以下及百姓不得立。

以上是《开元丧礼》的规定，在实施过程中，也曾有变化。开元二十九年（741 年），玄宗李隆基诏令说：古代送终，崇尚俭约，明器、墓地等，皆于旧数内依次递减：明器，三品以上者，由原来的 90 件减为 70 件；四品、五品，由原来的 70 件减为 40 件；六品以下，由原来的 40 件减为 20 件。庶民百姓，原无规定，皆以 15 件为限。明器，皆用泥土烧制，不得用木材及金银铜锡。殓衣，不得用绫罗锦绣；下葬不得有珍禽异兽；陵园不得作院宇、列侍从；灵车，不得用金银花结缀为龙凤。墓地，一品者由原来的方圆 90 步，减为 70 步，坟高由原来的 1 丈 8 尺减为 1 丈 6 尺；二品者，由 80 步减为 60 步，坟高由 1 丈 6 尺减为 1 丈 4 尺；三品者，由 70 步减为 50 步，坟高由 1 丈 4 尺减为 1 丈 2 尺；四品者，由 60 步减为 40 步，坟高由 1 丈 2 尺减为 1 丈 1 尺；五品者，由 50 步减为 30 步，坟高由 1 丈减为 9 尺；六品以下者，由 20 步减为 15 步，坟高由 8 尺减为 7 尺；庶民百姓原无定制，墓地限 7 步，坟高限 4 尺。

此次减等幅度较大，执行颇有困难，各级官吏违制现象时有发生。因此，元和年间（806～820年），宪宗李纯不得不再作调整，适当放宽限制。他令将所有官吏划分为三等：一品、二品、三品为第一等，四品、五品为第二等，六至九品为第三等。所有三个等级的具体规定，都比以往大大放宽。如明器，一等90件，二等60件，三等40件，百姓15件。此次修订丧制以后，朝廷虽声言各级官吏必须严格遵守，违者重处，但莫明其妙的是，丧家违制，却只处罚制作明器的工人，丧家不受处罚，所以约束力不足，违制者仍有增无减。对此，朝廷不是修改敕令，而是进一步用放宽限制来迁就。如武宗会昌元年（841年）诏令：明器，一等由90件增加到100件，二等由60件增加到70件，三等由40件增加到50件，百姓由15件增加到25件，并可用木材制作。

无约束的帝王丧葬

唐代帝王生前多谈薄葬。太宗李世民说"因山为陵，容棺而已"；高宗李治说"陵园制度，务从节俭"；懿宗李漼说"山陵制度，切在节约，并不得以金银锦绣文饰葬具"，等等。其实，他们多言行不一。在唐朝，除安史之乱以后，由于国力衰败，危机四伏，治丧的铺张浪费不得已有所收敛外，基本上是实行厚葬。这主要表现在陵寝制度方面。

唐代虽沿袭南朝（宋、齐、梁、陈）的办法，在山麓凿石为墓，不起坟丘，但墓葬规格，尤其是墓上的建筑设施，都是南朝所不能相比的。唐代的陵寝制度始于太宗时期。贞观十八年（644年），李世民在今陕西礼泉县九嵕山开始为自己营建寿陵，即昭陵。墓室在南麓山腰穿凿而成。从埏（音shān）道口至墓室深250米，前后共有5道石门。墓室里"闲丽不异人间"。东西厢房列置许多石函，内藏随葬物品。昭陵的地面建筑现在虽然不存在了，但从其遗址和有关记载，也可知道规模是相当宏伟的。陵墓周围有方形墙垣，据测量，墙垣东西237米、南北334米，墙基厚约3.5米。墙垣每边中部有门，南门叫"朱雀门"，北门叫"玄武门"，东门叫"青龙门"，西门叫"白虎门"。墙垣四角还建有警卫的角楼。陵墓位于墙垣内的西北部，墓门顶上建有游殿，是供墓主灵魂游乐用的；北面有祭坛，经对遗址的测量，祭坛东西长53.5米、南北长86.5米；南面有献殿，是供上陵朝拜等重要典礼用的；西南面有下宫（也称寝宫），是供墓主灵魂饮食起居的地方。宫人及留守官吏也住在这里，房舍很多。各种建筑形成一个非常宏伟的殿宇楼阁群体。

唐太宗生前知人善任，有大批出色的文武官吏辅佐他。为施恩于这些有功绩的官吏，他曾再三谕令，允许这些人死后陪葬昭陵。所以，昭陵的陪葬墓，是历代帝王陵中数量最多的。据昭陵文物管理所调查，共发现陪葬墓167座，其中除皇子、公主、妃嫔的墓葬外，绝大多数是开国功臣及其他上层人物的墓葬。

唐太宗还非常重视发展同各少数民族的关系。他曾说："自古皆贵中华、贱夷狄，朕独爱之如一。"凡依附唐王朝的各族首领，多加封都督、刺史官衔，还有不少人在朝廷担任官职。这种各民族和睦相处的关系，在昭陵也有充分体现。昭陵不仅有贞观时期 10 多个少数民族首领的巨大石刻像，还有少数民族将领的陪葬墓。如果把所有的陪葬墓都包括在内，昭陵陵园周围 60 里，占地面积 30 万亩。这在世界古代陵园中也是少见的。

唐太宗以后诸帝的陵墓，除敬宗李湛的庄陵、武宗李炎的端陵、僖宗李儇的靖陵是建在平地上之外，其他均按昭陵的格局，凿山为墓。墓门与墓道全用石板土封闭，外加铁水浇注，非常坚固。如高宗的乾陵，隧道长 65 米。墓门及隧道用 2500 多块巨型石条砌成，共砌 42 层。各石条之间，先用铁丝栏腰嵌住，再用铁水浇灌。神龙元年（705 年）武则天死后，作为高宗皇后，理应合葬乾陵，但高宗先死，陵墓已封多年，坚固难摧，故一些大臣以此反对，说开墓等于凿墓，于死者不敬。

乾陵不仅建造坚固，更以其高大精美的石刻闻名于世。石刻集中分布在陵园内城四门之外，尤其以南门"朱雀门"外最多。门前道路两侧，自南而北依次有：华表 1 对，高 8 米；飞马 1 对，高 3.17 米；朱雀 1 对，高 1.8 米；石马 5 对，高 1.8 米；牵马石人 6 个；石人像 10 对，高 4.1 米；述圣纪碑高 6.3 米，无字碑高 6.3 米，分立左右；石人像 60 个，左边 31 个，右边 29 个，一般高 1.6 米，人像背部均刻有姓名，至今还有不少可清楚地辨认。这些人都是当时少数民族首领，据说是为高宗送葬的人。人像群北面，还有大石狮 1 对，高 3.35 米，石狮背后又有石人 1 对。在其他 3 门门外，也有石狮、石马，大小和朱雀门外的相同。

皇帝陵墓是如此宏伟奢华，那么王公贵族的陵墓情况又如何呢？在迄今已发掘的数千座唐代墓葬中，有不少是皇室成员与贵族官僚的墓葬，其中有装饰讲究的壁画墓 20 多座。这类墓葬大多设有陵园，墓前建有阙楼，阙前列石人、石兽、华表等，规模较大。如长乐公主墓有三道石门，规格仅次于皇帝陵墓。

壁画墓大多是有前后室的砖室墓，壁画精美。壁画题材既有庄园生活场面，也有人物群像和神兽。淮安郡王李寿的墓葬，是唐代壁画墓中时间最早的（贞观四年）。墓道两侧绘的是出猎图和骑马出行图；两过洞上方绘的是楼层，侧壁与天井绘的是仪仗、列戟（古代兵器）、男女侍从以及庄园的生产、生活场面；墓室壁上绘的是乐舞、马厩等内容。中期的壁画有所变化，以加绘栏额及廊柱代替早期的以庭院作背景。栏额和廊柱作为廊式建筑的象征，将壁画分成一个个相对独立的画面。如懿德太子墓，墓道两侧绘仪仗、青龙白虎、阙楼城垣；过洞、天井、甬道、前室绘列戟、男侍、宫女；后室绘伎乐、奉供、天象。墓道两侧的仪仗图，威武壮观，颇有大驾卤簿的气派。不过，这种豪华的壁画墓，主要流行在唐代前期和中期，安史之乱以后就很少见了。

　　贵族官僚墓葬，有的虽不带壁画，但却在其他方面下工夫。如1958年在西安发掘的玄宗时宦官杨思勖（音 xù）的墓葬，就别有特色。其墓室仅抹一层白灰，未加任何彩绘，但葬具却非常豪华奢侈。该葬具是一座体积巨大的宫殿式雕刻石椁，长3.52米，宽2.28米，高1.94米，由18块石板和8根石柱构成。石椁的外观，为面阔3间的殿堂形状，整体刻有浮雕。正面中心刻有关闭着的两扇大门，每扇门上刻有梅花形的门钉4排，每排7颗，两扇门共刻56颗。两门中间刻一把大锁，将门锁住。门的两侧刻有6厘米宽的门框，上有门额，下有门槛，都刻有花纹。两门框中部，各刻一只小鸟，隔门相对。两侧间正中，各刻直棂窗一扇，每扇直棂19根，窗框、窗额、窗槛均刻花纹。窗槛下面刻有两只相对而立的狮子。石椁正面的4根方柱凸出墙外，上面所刻奇禽怪兽，有的像虎，有的像鸳鸯，有的像狮子。石椁的其他3个壁面，也都刻有门窗和纹饰。椁盖为殿堂顶，浮雕瓦垅。另外，在石椁内壁两侧间正中，还各刻有一男性侍从像，相对而立。这种体积庞大、雕刻精美的石椁，是历代所仅见的。

制陶艺术的杰作唐三彩

　　唐代规定陪葬物品只限用明器，明器用泥土制作。然而，明器却分三六九等。在唐代所流行的明器中，"唐三彩"最引人注目。它是我国制陶艺术史上的一大杰作，举世闻名。

唐三彩是一种挂釉陶俑或陶器，有三种颜色，是专门作陪葬品的。它的制作工艺水平很高，胎体是用白色黏土经过捏塑和模制的方法制成，素烧以后，再上釉进行釉烧。这种釉色用铅和石英配制而成。如掺入适量氧化铜，可烧成绿色；掺进氧化铁，可烧成褐色。在同一器物上，将几种釉色同时交替使用，便可烧成黄、绿、白或黄、绿、蓝等光彩夺目的挂釉陶器。

用这种制作精美的唐三彩作陪葬品，主要流行于周武（武则天）及以后的开元盛世。品种包括陶俑及器物两类，陶俑又有人物俑和动物俑两种。根据考古发掘，人物俑有天王俑、武士俑、文官俑、贵妇俑、男女侍俑、胡俑、乐舞俑、仪仗俑、杂技俑等；动物俑以马俑、骆驼俑居多，其他还有虎俑、狮俑、牛俑、驴俑、猪俑、羊俑、狗俑、鸡俑、鸭俑等等。器物的种类就更多了，凡生活中所用的一切器物，几乎都有。大如房屋、厕所、仓库、车、柜等，小到樽、壶、瓶、罐、碗、盘、杯、香炉、砚台等。

唐三彩制作艺术手法高超，形态逼真生动。人物俑身份不同，神态各异：天王俑头带盔，身着甲，一手叉腰，一手握拳高举，脚下踏着一个鼓目咧嘴的魔鬼；武士俑肌肉发达，头带盔，身着甲，双目圆睁，作剑拔弩张之势；文官俑面目端正，峨冠博带，温文尔雅；女俑高髻广袖，亭亭玉立，优淑娴雅，裙带生风；胡俑高鼻深目，头带尖顶帽，或抱乐器，或牵骆驼骏马。最为壮观的是乐舞、仪仗等群体俑，如1959

年在西安中堡村发掘的一座唐代墓葬，出土的骆驼载乐俑尤为引人注目。这个乐舞俑群体，是在一头雄壮的骆驼背上架一个平台，平台上有 8 个人的乐舞队：前面 2 个乐俑，一个捧笙，1 个执箫，作吹状；右侧的 2 个乐俑，1 个拿琵琶，1 个抱竖琴，作弹奏状；左侧的 2 个乐俑，1 个托笛，1 个执拍板，作吹打状；后边 1 个乐俑手托排箫，作吹状。在这 7 个乐俑中间还有 1 个女舞俑，右手前举，左臂后撤，作歌舞状。整个乐舞队，表情逼真生动。

动物俑中以骏马和骆驼最为出色。马俑骨肉均匀，雄健刚劲；驼俑稳健沉静，神定气足。1957 年在西安鲜于庭诲墓出土的 4 匹马俑：2 匹身为橙黄色，蹄为白色，颈部兼有白色斑纹；马鬃为浅黄色，上面剪留一花；马身上鞍勒辔饰俱全，鞍下披一蓝色绒毯，胸前和股后各络皮带，胸前的皮带上有黄色八瓣花朵，两端各有杏叶形垂饰 3 枚；马头上有全套辔饰，嘴两边带有角形镳，口内衔勒，鼻上挂一面杏叶形垂饰。另外，2 匹白马，浑身全白，鬃上剪有 3 朵花纹，鞍勒辔饰极为华丽；4 匹马俑都视向左侧，形态生动异常。

制作如此精美华丽的陪葬品，在当时曾引起许多有识之士的不满，认为这会进一步助长厚葬风气，危害社会。因此，不断有人上疏反对，如唐玄宗先天元年（712 年），右司郎中唐绍上疏说：王公百官竞相厚葬，偶人象马，制作如生，徒以炫耀路人，煽动厚葬风气，奢侈日增。他请求朝廷下令，王公以下送葬明器，必须遵照律令，不许僭越，也不得在路上抬行，招摇过市。

七七丧俗

丧葬作为一种文化现象，既继承民族传统文化的内涵，又接受外来文化的影响。在外来文化中，佛教对我国丧葬礼俗的影响最大。宋朝人胡寅曾说："自佛法入中国，以生死转化，恐动世俗千余年，特立不惑者，不过数人而已。"佛教对我国丧葬的影响，首先表现为"七七"丧俗的出现和盛行。

"七七"丧俗也称"七七斋"、"斋七"、"断七"。就是在人死以后，每七天为一忌日，亲属要设供奠祭，直到七七四十九天为止。据说这种丧俗来源于佛教的"六道轮回"说。"六道轮回"是说众生像车轮一样，在六道（天、人、恶神、地狱、饿鬼、畜生）循环转化。人死以后，在七七四十九天之内要寻找转世的机会，每七天为一期。如果第一个七天寻找不到，可继续在第二、第三……个七天内寻找，四十九天之内必能找到。所以，在这四十九天中，每逢忌日，也就是每个第七天，死者的亲属都要设奠，请和尚念经，为死者消灾弥罪，以求能早日转世。

七七丧俗在我国最早见于北朝。北魏皇兴四年（470年），献文帝拓跋弘死后，设"四百人斋"；神龟元年（518年），胡太后之父死，孝明帝拓跋诩诏令：自死日至七七，皆设"千僧斋"；北齐天统年间，南阳王缚死后，每至七日，其孙皆"请僧设斋"。这里所说的"四百人斋"、"千僧斋"，是指斋僧诵经的人数，人数越多，越表示尊贵。当然，像这样请数百名、千名和尚念经的场面，只有宫廷和贵族官僚才能做到，一般平民百姓是无力置办的。所以，流行并不广泛。

唐代，佛教在中国的发展更加成熟。为争取更多的信徒，对这一丧俗采取了灵活的做法。它既宣扬人死以后，应斋僧诵经，为死者消灾祈福，以求早日转世；同时又考虑到广大平民百姓的经济承受能力，说如无财力斋僧诵经，可在每个忌日向亡灵供奉食盘、纸钱，以免死者在阴间受饥饿之苦。这就是说，办"七七"可繁可简，量力而行，但却不可不办，否则，死者会变成饿鬼。这一灵活的做法，的确争取了更多的信徒，从而使七七丧俗迅速而广泛地流行开来。开元年间，宰相姚崇临死前告诫子孙说，在他死后，"如未能全依正道，须顺俗情，从初七至终七，住设七僧斋。"这说明，七七丧俗在当时已成为人们"须顺"的"俗情"了。

由于我国地域辽阔，加上佛教宗派较多，学说各异，所以，各地的七七丧俗也不完全相同。在佛教圣地敦煌，不止做七个"斋"，而是要做十个"斋"。除死后四十九天之内的七个"斋"之外，还要做百日斋、一年斋和三年斋。所以又称"十斋"或"十王斋"。据说这是来源于佛教的"十殿阎王"说，说阴曹地府有十殿阎王，分别管理这十个斋，人死以后，要像过关一样，逐个经过这十殿阎王。据《阎罗王经》说，这十殿阎王是:一七斋,秦广王;二七斋,宋帝王;三七斋,初江王;四七斋,王官王;五七斋,阎罗王;六七斋,变成王;七七斋,太山王;百日斋,平正王;一年斋,都市王;三年斋,五道转轮圣王。《佛说十王经》还用诗文详细描述了人死之后过十殿阎王时受苦的情景,并配有插图,流传极广。从诗文和插图可以看出,所谓人死以后在阴曹地府过十殿阎王时受苦的情景,不过是照抄监狱里的各种酷刑。经卷还说什么每个斋都有一个王检察,如果做满了这十王斋,便可免受各种酷刑,顺利地经过十殿阎王,早日转世;相反,如果不做十王斋,或者没有做满,哪怕是只缺一斋,就要受苦,不得转世。更有甚者,不仅要为死人做七七斋,活着的人也有为自己预修七七斋的,名为"生七斋"。据佛家说,如果生前做了生七斋,死后便可以不下阴森的地狱,而能直接进入天堂。

七七丧俗不仅繁琐,而且花费很大,给人们的经济、精神生活造成很大负担,许多人惑于这种丧俗,为做斋而节衣缩食,甚至变卖家产。正如有些诗唱所描述的:"急于卖资产,与设逆修斋";"却设百日斋,浑家忘却你。钱财他人用,古来寻常事","有意造一佛,为设百人斋。无情任改嫁,资产听将赔。吾生惜不用,死后他人财"等等。这些诗歌,一方面揭露了民间为置办七七斋,财产花光,妻子被迫改嫁的事实;另一方面也反映人们对这一丧俗的不满与控诉。同时,这一丧俗还与古代传统的平等观念有抵触:富人死后,有钱斋僧诵经,大办七七斋,便可升天;而穷人无力置办七七斋，就要下地狱受苦。这对多数人，特别是贫苦百姓来说，感情上自然是难以接受的。所以，它流行不久，便受到许多人的反对与批评。唐宪宗李纯时，国子监博士李翱等人曾以此俗伤礼，著文严加批驳。但遗憾的是，由于鬼神迷信根深蒂固，加上佛家各种阴森恐怖的宣传，使这一丧俗长期流行不衰，并不断发展演变，经宋至明清，直至近代，都未曾绝迹。

九　宋元丧葬

宋代帝王官吏丧葬

北宋的建立虽然结束了唐末五代以来的长期分裂割据局面，但并非太平盛世，开国不久，就面临重重困难。内部民变、兵变此伏彼起，外部辽、金、西夏不断侵扰。在这种内外交困的情况下，宋王朝为了维护统治，便操起了理学这一思想武器。

宋代理学又称道学或新儒学，是儒家思想体系在新的历史条件下的变种。它虽然有许多派别，但核心都是相同的，那就是儒家的伦理道德"三纲五常"（三纲：父为子纲，君为臣纲，夫为妻纲；五常，通常指仁、义、礼、智、信）。理学认为"三纲五常"是宇宙间永恒不变的"天理"，人人必须严格遵守，即使饿死也不能违反。在这种思想理论指导下，丧葬便明显地表现出儒家丧礼的复兴。宋代以先秦儒家丧礼为蓝本的丧葬礼书，纷纷问世，数量之多历代绝无仅有。有官修的，也有私修的。在私修礼书中，以北宋史学家司马光的《司马氏书仪》、南宋理学家朱熹的《家礼》

影响最大。

北宋的开国皇帝赵匡胤为光宗耀祖，即位后便兴师动众，以皇帝"大丧礼"改葬其父，将在京城汴京（今河南开封）附近的陵墓迁往巩县，并亲自拟定陵墓规格。从汴京到巩县，途中要经过中牟、管城（今郑州）、荥阳、汜水、偃师（今河阳）等地，路途遥远。灵车、明器车和仪仗队浩浩荡荡，招摇过市，而且所过府州县镇，当地官员皆须迎送。赵匡胤之所以将其父的陵墓由汴京迁到洛阳附近的巩县，是因为他准备迁都洛阳。后来迁都未成，皇陵却搬到了巩县。以后的每个皇帝及皇室成员死后，都远送到这里安葬，劳民伤财，莫过于此。至道三年（997年），太宗赵光义死，灵柩由汴京运往巩县，仅仪仗队、抬陪葬物品和牵引灵车，就用了11193人。仁宗时朝每年要向辽和西夏支付数十万两白银和大量丝绢，国家财政每年亏空白银1500多万两，而仁宗赵祯死时，仍发钱150万贯、绅绢250万匹、银50万两，用于治丧和赏赐。

与以往不同的是，宋代取消了生前营建寿陵的制度，陵墓必须在死后开始营建。根据儒家丧礼，皇帝死后7月而葬，陵墓必须在死后7个月之内建成。所以，每当皇帝死后，满朝文武官吏往往要倾巢出动，特设陵墓使、礼仪使、仪仗使、桥道使等，由宰相领衔，各负其责，所用工役达数万人。嘉祐八年（1063年）仁宗赵祯死后，调各路兵卒4.6万多人赶造陵墓。

官吏之丧虽有品级之分，但基本上分为"诏葬"和"非诏葬"两类。诏葬即官葬，由国家出资办理，并遣礼官监理丧事。享受这种待遇的人，当然大多数是皇亲大臣，也有少数品级不高但有特殊功绩者。因为是诏葬，所以治丧规格较高，礼仪隆重，开销自然巨大。

诏葬虽然体面风光，但由于国家财力拮据，难以承受这么大的负担，以致对不少高官显宦都不能兑现。而这些人的亲属又往往互相攀比，为等待诏葬而长期停枢不葬，有的甚至停10年以上。庆历年间，为等诏葬而停枢10年以上未葬者有400多人，使朝廷大伤脑筋。嘉祐七年（1062年），仁宗皇帝特发诏谕，下令凡停枢5年以上者，必须择日而葬，不许继续停枢等待官葬。元祐年间，哲宗赵煦又诏令：停枢10年未葬者，即依律弹奏，限期埋葬。

非诏葬多为四品以下的官吏。他们虽非官葬，但皆有赙赠。赙赠数额，通常绢50～500匹、钱5万～50万贯不等。

宋王朝对官吏的丧事是很重视的，只是因为国家财政困难，负担不起巨大的开支，才使许多应该享受官葬的人不能进行官葬。至于礼仪方面，还是相当周全的。凡大臣和有特殊功绩的官吏死亡，皇帝往往要亲自前往致奠1～2次；对三品以上的官吏，还有辍朝、追封册命、赐谥等礼仪。

辍朝。凡一品、二品官之丧，皇帝停止上朝两天，在便殿举哀成服；三品官之丧，停止上朝一天，不举哀挂服。

追封册命。凡贵臣死后，朝廷要追赠封爵名号，派策封使前往丧家宣读，仪式隆重。

赐谥。凡三品以上官吏死后，葬前要定赐号。先由死者家属将死者的生平事迹呈报朝廷请赐，由尚书省拟定，报皇帝批准赐给。但由于谥号要根据死者的生平事迹来拟定，因此，有的丧家自知死者居官无善政，顾虑定谥时会遭到贬斥，往往不予请赐。太平兴国年间，集贤院学士王皞曾为此奏言：谥号是行为的表现，善行有善谥，恶行有恶谥，听到他的谥号，便可知道他的行为；赐谥的目的是彰善痛恶，激浊扬清，使其死后是非分明，以此劝诫官吏要居官清廉，多行善政，如果任其逃避，为恶者便不知悔改。他建议官吏死后，不必经过亲属请赐，直接由朝廷拟定赐给。皇帝采纳了他的建议。

其实，亲属不主动请谥还有另外一个原因。按当时的惯例，请赐之家需要供给尚书省酒食，并要向撰拟官馈送礼品，表示酬谢。否则，所拟定的赐号便不会令人满意。为不增加死者家属的负担和防止撰拟官作弊，景祐年间，朝廷曾下令取消馈送礼品，酒食由官方供给。这本来是件好事，但又出现了新的问题。由于取消了供给酒食和馈送礼品，所以，为已经死去多年的人请谥的越来越多。由于时间过了很久，死者的事迹多不清楚，子孙或门生故友又有意虚美隐恶，而官方往往不认真查证，便根据他们所提供的虚假材料拟定谥号，因而造成谥号名不符实，虚假之词严重。这不能不遭到人们的非议。为此，仁宗赵祯又诏令：凡应得谥号者，皆需葬前奏请；如果亲属不主动请谥，则由尚书、太常合议拟定；如有徇私而定谥名不符者，按选举不实之例治罪；凡葬后请谥者，一律不准。

宋代民间丧俗

和帝王官吏丧葬有所不同，宋代民间丧葬受佛教的影响较大，佛家丧仪越来越流行。为此，宋王朝曾三令五申，禁止使用佛家丧仪，如有违犯，以不孝罪论处。然而却无济于事。且不说火葬普遍流行，治丧请和尚念经成风，就连传统丧礼中最忌讳的"设乐"也越来越多。葬前停尸期间，凡遇设奠、吊丧时，便乐鼓齐鸣；灵柩运往墓地时，有乐鼓队伴运，一路上吹吹打打；特别是埋葬时，所有乐器一齐吹打，响声震天。

虽然繁琐的儒家丧制受到抨击，但被认为有实际意义的做法，仍被继承下来，有的甚至还得到了进一步的发展，其中比较突出的是尸体防腐和纸明器的普遍使用。

我国自古以来就有各种尸体防腐措施。除那些含玉、穿玉衣等无用措施外，包扎尸体和密封棺椁是较原始的办法，宋代依然流行。1972 年，在湖南衡阳何家皂发掘的一座宋墓中，出土了一具保存完好的男尸，尸体周身包裹丝麻织品近 200 件。用密封棺椁的办法防腐，在宋代相当普遍，而且技术也比以往有较大发展：除棺椁做工精细和表面涂漆外，接缝处还用松香填塞。文献记载："合缝涂松脂，则绝困而木坚；松脂与木性相入而又利水，盖今人谓沥青是也。须以少量蚌粉、黄蜡、清油合煎之，乃可用，不然则裂矣"。看来当时技术是很高的。这种用松香填塞棺缝的防腐办法，南宋比北宋更流行，技术也更高。迄今在福建、四川、安徽、湖南等地发掘的许多南宋墓葬中，凡是存留棺椁或棺椁残迹的，大多用松香填塞棺缝。

此外，宋代还流行将各种药材放入棺内，以达到防腐的目的。从考古发掘来看，这种办法似乎防腐效果较好。上面所说的在湖南衡阳何家皂发现的那具男尸，就是泡在一种有香气的褐色液体之中，但当时究竟用些什么药材，已很难考定。

纸明器最早出现于魏晋，唐代开始流行，宋代则十分普遍。这种纸明器，多为纸糊、纸画人物、车马、房舍、衣服及各种动物，但更多的是纸钱。纸钱通常用锡纸折叠成元宝、银锭形状，或用白纸、黄纸剪成、印成铜钱形。纸明器有的是丧家自备，有的是亲朋所赠，或撒在送葬途中，或在埋葬时烧掉。纸明器虽比玉石、陶、木明器节俭，但一般数量较多。有的送葬队伍过后，路上抛撒的纸钱像下过一场小雪，白花花一片。所以，浪费也相当惊人，引起不少人的反对。宋代大史学家司马光就曾批评说："今人皆送纸钱赠作，诸物焚为灰烬，何益丧家！不若复赙（财物）禭（衣服）之礼。"他主张恢复给丧家赠送衣服、财物的礼仪，以帮助丧家料理丧事。

8 元代的丧葬风俗

元朝是蒙古贵族建立的。蒙古族是我国北方的一个游牧民族，分成许多部落。13世纪初，蒙古族领袖成吉思汗统一各部，建立了政权。至元八年（1271年），世祖忽必烈定国号为元，建都大都（今北京），随后灭南宋，统一全国。

元朝统治者为了维护统治，虽然推行汉化政策，但态度并不积极，汉化程度不深，蒙古人自始至终未能摆脱其游牧民族的本色。典章制度虽仿照汉唐，但大量掺杂着蒙古旧俗残余。丧葬更没有统一的礼制，各色人户（忽必烈把全国人分为四等，即蒙古人、色目人、汉人、南人）各依旧俗行事。蒙古统治者甚至禁止仿效其他民族的风俗习惯。

蒙古族流行隐葬方式，即葬后不留形迹。这种埋葬风俗，大概是和魏晋时期北方民族的潜葬一脉相承的，即使是帝王，也不采用汉族的陵寝制度。从太祖成吉思汗起，元朝的十几个皇帝，死后大都葬在漠北起辇谷（在今蒙古国首都乌兰巴托附近）。现坐落在内蒙鄂尔多斯草原伊金霍洛旗的成吉思汗陵，是一座衣冠冢。蒙古帝王无论死在什么地方，哪怕是百天路程之外，也要把灵柩送到起辇谷埋葬。葬后不筑坟丘，"以万马践踏踩平。来岁春草既生，则移帐散去，弥望平衍，人莫知之。"成吉思汗葬后，还特意在葬地广种树木，成为密林，更无法知道埋葬的具体方位。

这种不留形迹的葬法，目的可能是防止被人盗掘。所以，运送灵柩非常保密，要把途中所遇到的人杀死。据《马可·波罗游记》记载：在把君主的灵柩运往阿尔泰山的途中，护送灵柩的人要把沿途遇到的一切人杀死，并对他们说："请你离开凡间到阴间去吧！去服侍你们已经驾崩的领主吧！"例如书中记载在运送宪宗蒙哥的灵柩时，护送灵柩的骑兵就曾将途中遇见的2000多人全杀掉了。

蒙古习俗，当帝后病危时，则由寝宫移居于毡房，死后在毡房成殓。棺材用楠木制作，制作方法是将一根粗大圆木从中间纵向破开，剜成人体形，宽窄长短，仅能容身而已。合棺后，外表涂漆，再用4条金链箍紧。棺罩及灵车帐帘，皆为用金线织成纹饰的青边白毡。灵车启动后，由一名蒙古巫妇牵一匹骏马（称金灵马）在前引导。途中，每日用羊奠祭3次。挖墓坑时，将挖出的土块依次有序地排列，下棺后，再将土块依次填回去。因为不筑坟，剩下的土要运送到别处去。埋葬后，留送葬官3人，居住在离墓地5里之外，负责每天祭祀。3年后返回，此后，再无墓祭之礼了。

元朝没有统一的丧葬礼仪。塞外，特别是西北各汗国，仍遵照先祖旧俗。而在京城或内地做官的蒙古人，因受儒家学说和汉族丧礼的影响，往往仿效汉族传统丧礼行事。延祐七年（1320年），仁宗死后，他的儿子英宗依汉族丧礼成服，夜间睡在地上，每天只喝一碗稀粥。蒙古族官吏无丁忧守制之礼，父母死后，仍照常任职。泰定年间甚至规定：蒙古人、色目人官吏，如有仿效汉官丁忧守制者，"除其名"。但有人却不予理会，凡遇亲丧，自行离任守制。为此，天顺帝诏令："官吏丁忧依本俗，蒙古、色目人仿效汉人者，不用部议，其愿丁父母忧者，听然。"从此以后，才将官吏丁忧守制列入典制，但也不十分重视，官吏丁忧守制期间，经常被夺情起复。

一般蒙古人流行浅埋。病危时，在帐幕（蒙古包）前立一杆长矛，上面以黑毡缠绕，表示凶祸将到，外人不得进入帐内。临终之时，和汉族亲属必须守在身旁目睹断气的习俗相反，几乎所有的人都要离开帐幕。如目睹气绝，则被认为是晦气，一年之内都不准进入首领的帐幕。埋葬一般不用棺材，秘密地择地而埋。有身份的人，常常先在墓坑内放置一顶小型帐幕，使死者端坐在帐幕中央，面前摆设食品。埋葬时，还往往随葬马匹，一般是一匹母马带一匹马驹，以及一匹配鞍的公马及弓矢器具。

埋葬以后，还要举行"火净"仪式，清除晦气。一般是点燃两堆篝火，火堆旁立两杆长矛，两矛之间系一根绳子，绳子上缀一些布片。死者的家属、亲朋以及所有参加送葬活动的人，甚至还有牲畜、帐幕等，都要在缀有布片的绳子下通过。同时，还有两名巫师分别站在火堆旁，向火堆泼水，唱丧歌。

汉人的丧葬，基本上仍沿袭传统礼俗，但不像唐宋时那样讲究，各行其是的现象比较突出。如果以传统的儒家丧礼来衡量，违礼现象相当普遍，以致引起许多人的忧虑。有人批评说：近年来风俗日薄，父母之丧，尚未殡殓，便吃肉喝酒，无所顾忌；送葬管弦歌舞，大摆宴席，不醉不已。死者尸骨未寒便享乐如此，天理何在！后来，明太祖朱元璋也批评说："元代旧俗，凡有丧葬，设宴会亲友，作乐娱尸，惟较酒肴厚薄，全无哀戚之情。"

从考古发掘资料来看，元代墓葬与以前的唐宋和以后的明清相比，似乎呈马鞍形，规格较低，表现出相对的薄葬风气。在已发掘的元代墓葬中，除相当数量的火葬墓之外，主要是土坑墓和砖室墓。就砖室墓来说，绝大多数是单室墓，唐宋时期的那种多室、双室墓已很少见到。至于少数双室并列墓，如在安徽安庆发现的大德年间的范文虎墓、江苏吴县发现的吕师孟墓、山东邹县发现的至正年间的李裕庵墓等，都是夫妻同坟异墓，与以往的单人双室、多室墓不同，还有个别仿木建筑的壁画墓，主要发现于山西南部。但仿木建筑部分非常简单，有的是属于示意性的。壁画墓的壁画内容单调，主要为"夫妇开宴"、"十二孝子"以及其他日常生活题材，以往那种壮观的大驾卤簿、车马出行，以及庞大的乐舞场面已不复见到。这表明以往流行的壁画墓，至元代已处于没落时期。

元代，北方流行石棺（不包括火葬墓），南方流行木棺，且木棺的防腐措施比宋代更有所发展。宋代主要是用松香填塞棺缝，元代又增加了石灰、木炭等物。如安庆范文虎夫妇墓，棺枢内外均用松香、石灰和糯米汁灌实；吴县吕师孟墓，在棺枢周围填满木炭、石灰；无锡钱裕夫妇墓，棺下铺松香；邹县李裕庵墓，棺椁周围填石灰、灌米汁。由于有较好的护棺措施，所以，这类墓葬不仅棺椁、衣物和随葬物品尚存，有的尸体也保存完好。如邹县李裕庵夫妇墓，发掘时男尸保存完好，头戴褐色素绸风帽，身穿6件长袍，下身穿丝绵裤；女尸不存，只留下许多丝织衣物。在苏州发现的吴王张士诚之母曹氏墓，由于棺椁周围填满了石灰，尸体也保存完好，大量随葬物品也存留下来。随葬物品除丝织衣物、金冠、玉带、银奁、银镜架之外，还有两套象牙制成的哀册。每套40条，4条为一版，册文阴刻填金，首尾两版刻龙凤纹。这种比较奢侈的墓葬，在迄今所发现的元代墓葬中是很少见到的。

十 明清丧葬制度的变化

朱元璋对丧葬制度的改革

朱元璋建立明朝，先都应天（今南京市），后其第四子燕王朱棣发动"靖难之役"，推翻建文帝，夺取皇位，将都城迁至北京。

明朝是汉、唐以来又一个强盛的封建王朝，其综合国力比宋王朝还要强盛。不过，明朝也有它的时代特点：秦汉以来的社会发展模式已进入衰落时期，新的社会阶层和集团势力开始出现于历史舞台，人民大众日益觉醒，反抗斗争更加激烈。在这种形势下，封建皇帝更强化了专制统治。再加上西方的自然科学在明代逐渐传入中国，对古老的传统思想观念产生了一定影响。所以，明代的丧葬，在顽固地保留传统礼仪的同时，也出现了许多新的变化。

明代丧葬制度的变化，最早开始于朱元璋的改革。朱元璋出身贫寒，当过游僧，深知民间疾苦。他在当皇帝以后，仍主张节俭，反对奢侈浪费，在丧葬制度上力主改革。

（1）禁止厚葬。朱元璋即位的当年，就诏令禁止厚葬风俗。洪武五年（1372年）又诏令："今天下大定，礼仪风俗不可不正。丧葬以哀戚为本，治丧之具称家有无，量力而行，不可称贷财货，夸耀殡送；毋惑于阴阳风水拘忌，停柩不葬。"并令中书省官员制定丧葬礼制，颁行全国官民遵守，违者论罪。朱元璋的祖辈因生计所迫，屡次迁徙，死后分葬各地。他的祖父母葬在泗州（今安徽泗县），父母在凤阳死于饥疫，无地埋葬，由里人刘继祖与地掩埋。朱元璋当皇帝以后，虽给父祖专封帝号，却没有像赵匡胤那样，以皇帝大丧礼改葬，仅仅对坟墓增土培封，略加修缮而已。

朱元璋对父祖如此，对自己也要求甚严。他临终前的遗诏说："丧葬仪物，毋用金玉；孝陵山川因其故，毋改作；天下臣民哭临三日皆释服，毋妨嫁娶；诸王临国中，毋至京师。"就连他最宠爱的第四子燕王朱棣，自北平前往奔丧，也闻诏而止，不敢擅自进入京师。

（2）取消寝宫。朱元璋的遗诏不免有官样文章的成分，但其中的"孝陵山川因其故，毋改作"这句话却有重要意义，是对中国陵寝制度的重大改革。

孝陵就是朱元璋的寿陵，位于南京紫金山下，于洪武十四年（1381年）建造。第二年，马皇后死，先行葬入。因马氏谥号"孝慈"，故称孝陵。孝陵与秦汉唐宋帝王陵墓相比，除陵丘由方形改为圆形等无关紧要的变化外，最有意义的是取消寝宫建筑。

古代帝王陵墓，除地宫外，还建有寝宫，也称下宫，死者安葬后，在寝宫中留居侍从、宫人，每日定时向死者灵魂供奉饮食起居，鬼神迷信色彩极为浓厚。东汉时开始举行上陵礼，又增加了专为朝拜祭祀用的寝殿。唐宋时，寝殿与寝宫分别建在两个地方，虽然进一步削弱了寝宫的地位，但在寝宫留居侍从、宫人供奉死者灵魂饮食起居的礼仪依然存在。朱元璋则不拘陈规陋习，大胆改革，在营建孝陵时，毅然取消了寝宫建筑，而扩大寝殿的规模。他这样做至少有两层意义：一是取消寝宫，自然就废除了以往那种留居侍从、宫人日常供奉死者灵魂饮食起居的制度，大大减少了陵寝制度中的虚文浮礼；二是扩大寝殿规模，是为了通过朝拜祭献，达到推崇皇权、维护专制主义统治的目的。正因为如此，在朱元璋死后，虽破坏祖制的事屡有发生，而对他所制定的陵寝制度，整个明代不曾有任何变化。位于北京昌平的明代 13 个皇帝的陵墓，全部沿袭孝陵的规制，只是建筑规模有大小之分而已。

（3）改革丧服制度。丧服制度是传统丧礼中最为稳定的部分，明代以前未曾有大的变化。而在新的历史条件下，朱元璋作了不少改动。其中最重要的是父母同服。

自汉、唐以来，子女居丧，为父亲是"斩衰三年"；如果父亲还在，母亲先死，为母则为齐衰杖期。上自天子、下至百姓都是这样。唐朝武则天当政时，曾将为母服丧改为齐衰三年。武则天死后，随即被废止。斩衰三年是五等丧服的第一等，是最重的，齐衰杖期则轻得多。父母关系相同，服丧之所以有如此大的区别，原因自然是儒家伦理道德观念中的男尊女卑。朱元璋虽然推崇儒学，但不拘泥其说，对儒家经典颇有个人见解。他对儒家的"为父斩衰三年，父在为母齐衰杖期"这一所谓"天下之达礼"不以为然。洪武七年（1374年），孙贵妃死，朱元璋令礼部官员拟定服制。礼部尚书牛谅奏道：根据《仪礼》，"父在为母服期年，若庶母，则无服"。孙贵妃无子，如果是这样，诸皇子对其皆无服，如同路人。朱元璋认为这不仅冷落了孙氏，而且也不近情理，他说：父母之恩是一样的，而服丧轻重差别这样大，"不情甚也"。又说："人情无穷，而礼为适宜。人心所安，即天理所在。"他命翰林院学士宋濂等人重新考定。经宋濂等人详查典籍，古人有论述此事的共42人，其中主张为母服三年丧的28人，主张服一年丧的14人，并列出名单奏报。朱元璋阅后说：三年之丧是天下通丧，主张服三年丧的为主张服一年丧的一倍，看来为母服三年丧，是合乎天理人情的。于是诏令：子女为父、为母，庶子为生母，皆斩衰三年；嫡子为庶母齐衰杖期；并命皇五子（马后所生）吴王朱橚为孙贵妃服"慈母服"（按儒家的伦理道德，"慈母如母"），即斩衰三年，其他皇子皆齐衰杖期。从此"父母同服，永为定制"。朱元璋的这一重大改革，不仅弘扬了"慈母如母"、"继母如母"、"养母如母"的儒家伦理，更重要的是，为父母服同等丧服，包含有提高妇女地位的意义。

（4）改革律例。早在商周时期，丧葬已转俗为礼、为法。历代统治者为了使人们遵守丧葬制度，采取了许多措施，其中包括法律手段。特别是唐代，治丧制度全面法律化。《唐律》中对各种违反丧葬制度的处罚，规定得非常具体。宋代基本上沿袭唐律，但也局部参用其他刑律。朱元璋根据历代实施丧葬律例方面的利弊，对丧葬律例作了大量改动。其中比较重要的是：

第一，关于居丧生子。居丧守制期内生子被看作有罪，是由儒家丧礼中严酷的居丧生活禁忌而来的，就是居丧期间，不能与妻妾同居，否则，就被视为不孝。唐律规定：居父母丧期内怀孕者，处以一年徒刑。这是指居丧期内怀孕，如果是丧前怀孕，则不在此例。朱元璋认为这样不妥。他说：古代不近人情而有行事过分的，如禁止服丧期内生子。"朕览书度意，实非万古不易之法。若果因前式，人民则生理罢焉。"于是，他决定取消对居丧生子的处罚，以利于人口的增长。

第二，关于设斋作道场。宗教对丧葬的影响，以佛教最大，道教次之。佛教宣传人死后会"转世再生"，为超度亡魂，早日转世，要设斋，请和尚诵经吃喝。道教与巫术关系密切，人死后，要作道场避邪驱鬼，为死者消灾。汉唐以来，这两种丧俗相当流行，使丧家破费很大。朱元璋认为，治丧设斋作道场，与儒家"主哀废乐"的礼制相违，应视为有罪。故《大明律》规定：治丧有设斋作道场者，"家长杖八十，僧道同罪还俗"。

第三，关于匿丧和居丧期内释服从吉。匿丧是指遇丧隐匿而不举哀。这种行为违反了孝道与传统丧礼，自然被认为是大逆不道，是有罪的。如唐律规定：闻父母之死，隐匿而不举哀成服者，流放二千里之外；服丧期未满，提前除服，忘哀作乐者，处以三年徒刑；逃避期服尊长之丧，处以一年徒刑；丧期未满，提前除服者，杖一百；逃避大功服以下尊长之丧，处罚各递减二等。总之，凡应服丧而有意逃避者，均被视为有罪，要分别受到不同的处罚。朱元璋认为，匿丧虽为不孝，但处罚未免过于严厉。为此，他作了较大改变。被视为有罪者，仅限隐匿父母、丈夫和期服内的尊长之丧，其他匿丧不再视为有罪。量刑也大大减轻，如：匿父母、丈夫之丧，惩处由唐代的流放二千里，减为杖六十、徒刑一年；丧期未满而除服忘哀作乐者，由唐代的处三年徒刑减为杖八十；匿期服内尊长之丧，由唐代的处一年徒刑减为杖八十；丧期未满而除服者，由唐代的杖一百减为杖六十。

第四，关于弃官守制和冒哀从仕。据传统丧礼，官吏遇父母之丧，要弃官守制，否则被视为有罪。唐律规定：居父母之丧，如不弃官守制，要处以两年半徒刑，而明律则减为杖一百，罢官不再续用；如丧期未满，而冒哀参加科举考试或谋取官职者，唐律处以三年徒刑，而明律减为杖八十。

第五，关于奔丧的制度。依传统丧礼，除父母之丧要弃官回乡守制外，如祖父母丧、伯叔丧、兄弟丧等，也要请假回乡奔丧。如一人连遭数次期服之丧，或离乡数千里，势必有误政事。为此，洪武二十六年（1393年）朱元璋诏令，除父母之丧、长孙对祖父母之丧以外，其余应服期丧者，一律不许奔丧守制，但可以派人致祭。

朱元璋的以上这些改革表明，由于社会的不断发展进步，传统的儒家伦理道德观念对丧葬的束缚和影响，到明代已进一步松弛，虚文浮礼逐渐减少，社会进一步向文明质朴的方向演变。

明英宗废止人殉

用人殉葬盛行于殷商，西周逐渐减少，春秋战国时出现了以俑代人的现象。汉唐以后，人殉为法律所禁止，包括帝王权贵在内，都不准用人殉葬。从汉到元的1000多年内，这种惨无人道的丧俗虽然未能彻底革除，特别是宫廷内还时有发生，但总的说来是很少见的。但令人惊讶的是，明代初年，人殉之风竟死灰复燃，再度猖獗起来。朱元璋死后，竟有46名嫔妃、宫女被迫殉葬。这件事发生的原因是颇令人费解的。朱元璋主张丧事从俭，而且在营建寿陵时，毅然取消寝宫，废除留居侍从、宫人供奉死者灵魂饮食起居的制度。但为什么在他死后，竟有大批嫔妃、宫女殉葬呢？朱元璋的遗诏和有关文献，都不见有令嫔妃、宫女殉葬的记载，而且，这种做法也与他的思想作风相违背。所以，此事似乎同朱元璋本人无关，而是他的孙子建文帝所为。

　　明朝建立以后，朱元璋为加强统治，大力推行中央集权，"收天下之权以归一人"，实行专制独裁。在臣民的心目中，皇帝是真正受命于天的真龙天子。朱元璋在极力强化皇权的同时，又大封藩王，将他众多的儿子分封各地。每个王府的护卫甲兵，少的 3000 人，多的近 2 万人。朱元璋还规定，如朝廷出现奸臣，藩王要练兵待命，根据皇帝密诏，率兵讨伐。朱元璋这样做，主观愿望是防止朝臣专权，但他却不曾想到，诸王分土拥兵，势必对皇权构成威胁。在分封一开始，朝臣中就有人指出这是一种隐患。作为皇太孙的朱允炆，面对众多权高势重的王叔们，心中早已胆怯三分。所以，在朱元璋死后，他便把借助祖父亡灵的庇护，看作是保护自己皇位的重要条件，企图通过塑造朱元璋真龙天子形象，来达到加强皇权的目的。另一方面，朱允炆自幼苦读经书，受儒家伦理道德观念影响很深，特别是孝道，更是刻意追求。他 14 岁时，侍候患病的父亲"昼夜不暂离"；两年后，父亲病逝，他"居丧毁脊"。他既然如此"性至孝"，做出越分之事也就不足为怪了。

　　既然太祖死后用人殉葬，以后的皇帝便无所顾忌了。成祖朱棣、仁宗朱高炽、宣宗朱瞻基等死后都用人殉葬。不仅皇帝死后以嫔妃殉葬，诸王也沿此例，景帝朱祁钰死前已被废为郕王，死后葬西山，仍用人殉葬，是因为"当时王府皆然"。据《明史·诸王传》所载：至天顺八年（1464 年）英宗诏令禁止宫妃殉葬之前，诸王死后用人殉的有秦王樉、郢王栋等 10 多人。

　　人殉现象的再度流行，无疑是对社会文明发展的嘲弄。但在封建专制主义严密统治之下，在长达近百年的时间内，竟无人干涉。直到天顺八年，英宗朱祁镇才诏令废止殉葬。他去世的前一天，召皇太子朱见深、太监牛玉等人到床前，嘱咐："用人殉葬，吾不忍也，此事宜自吾止，世后勿复为。"英宗的这一遗诏意义重大，从此以后，嫔妃不再被用作殉葬品，得以终享天年。

英宗之所以能一反祖制，作出废除宫妃殉葬的重大决定，就他个人来说，至少有两方面的因素：

一是受他的祖母太皇太后张氏的影响，以慈善为怀。英宗登基时，年龄才9岁。遵照他父亲宣宗皇帝的遗诏，凡重大事情都要先禀报祖母，得到允准而后行。张氏行为端庄，温厚贤明，在主持朝政时，实行了一系列德政措施，受到人民的欢迎。她时时教诲幼帝不要铺张，多行善政。英宗在她的谆谆教诲之下，逐渐养成了与人为善、惜苦怜弱的性格，对殉葬宫妃产生了极大的同情之心。他刚即位，便追封为他父亲宣宗殉葬的10名宫女为妃。正统四年（1439年）周宪王朱有燉死，英宗赐书说："周王在日，尝奏身后务从俭约，以省民力；妃夫人以下不必从死，年少有父母者遣归。"企图阻止王妃夫人等殉葬。但遗憾的是，在赐书送到之前，王妃巩氏、夫人施氏等7名年轻女子，已先行殉死。这一悲惨之事，对英宗的震动极大。

二是他的坎坷经历。英宗的一生不同寻常。太皇太后张氏死后，宦官专政，他事事受司礼太监王振的摆布。正统十四年（1449年）"土木堡之变"，他被瓦剌军俘获，在塞外过了一年的俘虏生活。回到北京以后，被景帝软禁在南宫达 7 年之久。景泰八年（1457年），武清侯石亨和太监曹吉祥发动"夺门之变"，他虽得以复辟，但又受到石亨、曹吉祥的挟制。直到天顺五年（1461 年）平定曹吉祥政变后，他才得到暂时的安定。这种坎坷的经历与遭遇，使他看到世情维艰，为人处世不可不适情达意。对于丧葬，他认为有生必有死，死是自然规律，就是圣人也不能例外。因此，治丧不可过分铺张奢侈，更不忍令活人从死殉葬。

英宗死后，废止宫妃殉葬的遗诏成为定制，从此，明朝宫廷再未发生过令宫妃殉葬的现象。至于明朝末年李自成进京时，崇祯皇帝吊死煤山（景山），周皇后、袁贵妃奉旨自缢身亡，大批宫女投御河而死，是为了不落入敌人之手，与正常情况下的殉葬不同。外藩王府虽有人企图用人殉葬，但也不敢擅自而为。成化十年（1474 年），辽王朱豪壄（音 shèng）奏称：他的嫡长子恩镕病故，继妃冯氏、妾曹氏都没有生子女，宜令殉葬，但宪宗朱见深不准。他批道：先帝临终前曾遗令，毋令嫔妃殉葬，可为万世法规。况且王府从前也未曾用人殉葬过。今辽王葬其儿子，欲令其妃妾殉葬，何其暴戾！他令礼部移文王府，不许殉葬，将其妃妾迁居别处，毋令失所。辽王只好作罢。

清朝入关前的丧俗

清朝是满族人建立的。满族具有悠久的历史，先秦称肃慎，汉时称挹（音 yì）娄，隋唐时称靺鞨，宋明时称女真。自古以来，满族的先世就生息在我国的东北大地，披荆斩棘，艰苦创业。12世纪，完颜部首领阿骨打曾统一女真各部，建立金朝，并先后灭辽国及北宋，与南宋对峙，统治北方百余年。后被蒙古所灭。明代，是女真又一个重要的发展时期，其中尤以建州女真发展最快。它先后统一了其他各部，最终形成满族。

清朝，习惯上指顺治元年（1644年）清军入关，到辛亥革命这267年的历史，而入关前努尔哈赤、皇太极统治的数十年，是清朝开国时期，它的各种制度对入关后的清朝有很大影响。所以，要了解清朝的丧葬制度，应先考察其入关前的丧葬习俗。

清朝入关前没有完整的丧葬礼制。后金天聪八年（1634年），太宗皇太极颁布的《丧祭焚衣殉葬例》，只是针对当时治丧中出现的混乱现象而作出的局部规定，并不是一部完整的丧葬礼书。所以，我们对清朝入关前的丧葬礼仪知道得不多。从为数有限的记载中，大致可以看出以下几点：

（1）丧事由简朴向繁缛演变。这种演变，除经济、文化发展水平的因素外，更重要的是同汉化程度有直接关系。太祖努尔哈赤虽懂汉文，但并不模仿汉制，甚至不许满人学习汉人的生活习俗。在这种情况下，治丧是相当简朴的。后金天命十一年（1626年），努尔哈赤死于沈阳城南的叆鸡堡。随行人员将其遗体抬回沈阳，第二天便入殓，棺柩停放在城中西隅，前后不到24小时。太宗皇太极颁诏大赦，宣布元旦撤乐停宴，此外，再没有更多的礼仪。亲属虽然成服，但很不严格，无固定服制。当年的除夕，皇太极曾命达海、库尔缠两人前往三大贝勒家中议事。两人见到太祖次子代善素服，俯卧榻旁；太祖之侄阿敏在寝室，三福晋身穿华丽的服装；太祖第五子莽古尔泰与其弟、妹等人，都穿着华丽的衣服，正在开宴，妇女吹弹为欢。看来，他们居丧并无汉人那种严格的禁忌。

皇太极即位后，大力推行汉化改革，翻译汉文典籍。丧葬也开始吸收汉族的礼仪，由简而繁。后金天聪三年（1629 年），太祖的灵柩迁葬沈阳城东的石觜头山时，虽有朝拜、奠酒、焚楮钱、读祝文等礼仪，但还不算繁琐与铺张。到后金天聪八年（1634 年），便开始仿汉人陵寝制度，在陵地添建寝殿，立石狮、石虎、石象、石马、石驼等。清崇德元年（1636 年），更学习汉人礼仪，尊谥号、庙号。这一切都与汉族帝王丧礼逐步接近。此后，随着汉化程度的不断深广，吸收汉人传统丧礼的成分愈来愈多。至皇太极死时，丧事规模和各种礼仪，已与汉族皇帝"大丧礼"大同小异了。

（2）人殉风习盛行。入关前，人殉风习是满族社会制度的一种自发现象。努尔哈赤建立政权后，已不再是以往那种"不相为奴"的时代了。愈来愈多的人，因负债或犯罪被沦为奴隶；被掳去的汉人，也都被分给八旗官兵为奴。这种新的社会制度的出现，一方面从根本上摧毁了以往氏族成员之间的平等关系，战争使男子的地位迅速提高，女子处于附属地位，甚至成为男子的私有财产。另一方面，婚姻变成一种政治行为，成为统治者为实现政治目的而经常采取的一种手段。特别是努尔哈赤统一女真各部时期，努尔哈赤家族与女真各部、漠南蒙古的联姻，多属于这种情况。这种婚姻，基础自然很不牢固，不仅会随着政治变化而出现反复，更不幸的是，女性往往会随着政治需要的消失而失宠，常常被打入冷宫，甚至被迫殉葬。

人殉现象主要表现为妻妾为丈夫殉葬，奴仆为主人殉葬。《宁古塔志》在记载这一陋俗时说："男子死，则必有一妾殉。当殉者即于生前定之，不容辞，不容僭也。当殉者不哭，艳装而坐于炕上，主妇率其下拜而享之。及时，以弓扣环而殒。倘不肯殉，则群起而缢之矣。"这段记载清楚地表明，殉葬者由妻妾充当，而且多是被迫的。太祖努尔哈赤死后，大妃乌喇纳喇氏被迫殉葬的情景，至今仍使人感到毛骨悚然。大妃是乌喇贝勒满泰的女儿，颇有心计。努尔哈赤恐死后留下大妃为隐患，便遗言诸王，要大妃殉葬。努尔哈赤死后，诸王将遗言告诉大妃，要她从死殉葬。大妃不从，后在诸王的威逼下，不得不死。这件事在《清太祖武皇帝实录》中有记载。后来，大妃的儿子多尔衮任摄政王，认为这记载有损他母亲的形象，便将其删去了。

但是，也有迂腐之人自愿殉葬的。他们死后，往往会受到褒奖和优恤。皇太极死后，牛录章京敦达里、安达里两人，因自幼受到恩养，不忍离开，自愿从死殉葬。诸王贝勒大加褒奖，分别追赠甲喇章京和梅勒章京之职，子孙永免徭役。这简直是在鼓励人殉。

不仅努尔哈赤、皇太极死后用人殉葬，皇后、亲王、郡王、贝勒等死后，也多有人殉葬。早在努尔哈赤称"汗"之前，他的福晋（后追谥高皇后）叶赫那拉氏死后，努尔哈赤就曾令4个奴婢殉葬。贝勒莽古尔泰、郡王岳托等人死后，也都有福晋或侍妾被迫从死。

更为严重的是，直到清朝入关以后，这种丑陋的殉葬风气，仍在皇室盛行不衰。顺治五年（1648年），和硕肃亲王豪格死于狱中，次妃舒呼礼从死殉葬；顺治六年（1649年），和硕豫亲王多铎病死，二福晋从殉；顺治八年（1651年），睿亲王多尔衮死，侍女吴尔库尼从殉；顺治十二年（1655年），和硕郑亲王济尔哈朗死，多名侧福晋从殉。顺治十七年（1660年），顺治皇帝的宠妃董鄂氏死，殉葬人更多，据顺治皇帝御制《董后行状》说，殉葬者数人；而《汤若望传》则说，太监与宫中女官30多人被赐死殉葬。这一现象自然与顺治的迂腐拘泥有直接关系。

这种用人殉葬的风俗，直到康熙年间才逐渐被禁止。康熙十二年（1673年），礼科给事中朱裴在奏请禁止殉葬时说：迷信阴间和阳间之事，没有比用人殉葬更严重的了。殉葬者"或畏威而不敢不从，或怀德而不忍不从，二者俱不可为训。好生恶死，人之常情。捐躯轻生，非盛世所宜有"，应明令禁止用人殉葬。康熙皇帝远见卓识，欣然允准，从此以后，人殉现象才逐渐销声匿迹。

（3）流行截发和殷奠丧俗。截发，是指成服时，要将发梢剪去一寸长左右。这是居丧成服的主要标志，是满族独有的丧俗，汉族不曾有过。据《清会典》记载，这种丧俗开始于太祖之丧。努尔哈赤死后，太宗皇太极"截发辫成服"。皇太极是"丧主"身份，其他亲属是否也要截发，不清楚。但到皇太极死后，"内外和硕亲王以下，佐领以上，皆截发辫；和硕福晋以下，佐领等官命妇以上，也截发"。

清军入关后，这一丧俗有所发展，适用范围更加广泛。从皇室到民间，凡遇帝后、父母、祖父母之丧，只要是应该服丧的，成服时都要截发，只是截法不同。据索宁安的《满洲慎终集》说：子为父母，将辫子从嘴角处剪去；孙为祖父母稍剪二三寸；妻为夫剪与肩齐，为公姑、为祖公姑俱稍剪二三寸。

除截发的礼俗外，还有留发礼俗。满族流行薙（音 tì）发，将头顶周围的头发经常薙去，只留头顶中心像碗口大小的一片不薙，余发编成长辫，垂在脑后。但遇父母之丧，则不准薙，要等到除服以后才能薙。

殷奠，是指焚烧死者的衣物，也是满族丧礼中最为隆肃的礼仪，浪费极大。后金天聪二年（1628 年），皇太极曾谕令侍臣说：我国风俗，治丧焚烧之物过多，徒为糜费，甚属无益；人生靠衣食活命，死后，用人间有用之物为死者焚烧，对死者有什么用呢？今后，焚烧衣物务遵定制，勿得奢费。天聪八年（1634 年）制定的《丧葬焚衣殉葬例》规定：贝勒以下、牛录额真以上死者，许焚烧冬衣、春秋衣、夏衣各 3 件；平民百姓许焚烧冬衣、春秋衣、夏衣各 1 件；自贝勒至百姓，有焚烧不足此数的听便；焚烧只限旧衣，如旧衣不足此数，不许重新制作；如有超过此数，或重新制作新衣焚烧者，如经人告发，丧家要按已焚烧衣物的质量与数量赔出入官并奖励告发之人。

除以上所述外，关于葬法，清朝入关前普遍实行火葬。

清东西二陵的由来

清朝入关以后，满洲贵族由东北地方统治者变为全国的统治者。为了维护其统治，他们进一步推行汉化政策，努力树立自己的正统形象，丧葬也进一步学习汉族传统丧礼。但是，在中国传统丧礼中，"子随父葬"是第一位的，也就是父亲葬在哪里，儿子也葬在哪里。所以，中国历代帝王，除因迁都等特殊情况父子不能葬在一处外，每个朝代大都只有一处陵地。然而，清朝入关后，却没有遵照这一制度，出现了东、西二陵。

东陵在河北遵化昌瑞山下，陵地是入关后的第一个皇帝顺治亲自选定的。他在一次狩猎时来到这里，见风景幽美，便停马四望说："此山王气葱郁非常，可以为朕寿宫。"随后，他取下佩𬭡（音 shè）向远处投去，并嘱咐随行大臣说："𬭡落处定为佳穴，即可因此起工。"在他死后，清廷便遵他的谕旨，将陵墓建在昌瑞山下，即孝陵。

　　根据中国古代传统丧礼，陵墓的排列依"昭穆"之制，也就是先王之墓居中，以下诸辈左右排列：左为昭，右为穆。父为昭，则子为穆；孙为昭，曾孙为穆。康熙皇帝玄烨就是遵照这一制度，将陵墓（景陵）建在他父亲的孝陵左边。但到康熙的儿子雍正皇帝时，便破坏了这一制度，他将寿陵建在河北易县，与东陵中隔北京，相距250多公里。

　　关于雍正改变"子随父葬"制度的原因说法不一。流行最广的说法是他篡改康熙遗诏，非法夺取皇位，怕受父亲的指责，因而不敢和康熙皇帝葬在一处。但根据档案资料，似乎主要是"风水"迷信的原因。

　　雍正四年（1726年），雍正皇帝胤禛命怡亲王允祥、大学士张廷玉会同工部、内务府官员在遵化陵区为他选择建陵吉地。允祥等人选中了离孝陵、景陵不远的九凤朝阳山，但在施工中发现土质不好。胤禛得知后说："这里规模虽大，而形局未全，穴中之土又带砂石，实不可用。"于是，便停工废弃。既然在遵化一时找不到理想之处，允祥等人不知是根据雍正的旨令，还是自作主张，便将选择方向转向了京西，先在房山县境内勘察，也因土质、风景不理想未能选中。于是，雍正便命通晓风水的福建总督高其倬协助允祥勘察。经反复勘选，终于选中了易县境内的泰宁山天水峪。他们向雍正奏报时，称此处实为"乾坤聚秀之区，阴阳和会之所，龙穴砂水，无美不收，形势理气，诸吉咸备"。雍正也认为这里"山脉水法，条理分明，洵为上吉之地"，表示非常满意。但他又顾虑不随父葬，会招致人们的非议。他一面假惺惺地说："地方虽好，但离父、祖陵墓较远，于心不忍。"一面令大臣考证，另辟陵区与古礼是否有不合之处。大臣们对雍正的用意心领神会，便挖空心思地从故纸堆里找出了若干条古代帝王父子异地而葬的实例，说另辟陵区与古礼并无不合之处。既然如此，雍正便无后顾之忧，决定在易县新辟陵区，营建寿陵，即泰陵。

雍正为追逐风水宝地而打破了"子随父葬"的制度，这就给他的儿子乾隆皇帝出了难题：如果遵照子随父葬的制度，把他的寿陵建在易县，恐以后子孙们也照此办理；陵墓都建在易县，这样便会对遵化的孝陵、景陵日益疏远，不能展示孝敬爱慕之心。如果建在遵化，又顾虑后世子孙俱归葬遵化，使泰陵成为孤陵，更于心不忍。

乾隆皇帝很聪明，经过苦思冥想，最后终于想出了一个兼顾东西二陵、两全其美的办法，即"兆葬之制"。他把传统的昭穆之制扩而大之，从他开始，在东、西两个陵区，依次交替建陵。为此，他废弃了在西陵已经选好的陵址，改在东陵的胜水峪，即裕陵。

嘉庆元年（1796 年），仁宗颙琰（嘉庆）登基后，乾隆以太上皇的身份，敕令嘉庆皇帝的寿陵要按他的"兆葬之制"，建在西陵界内。并依次类推，将来嘉庆的儿子要葬在东陵，孙子要葬在西陵，曾孙又葬在东陵。这样，各依昭穆次序，分别东西，便可一脉相连，无亲疏之分。

乾隆为表示他推行这一制度的决心，曾将有不同意见的人治罪。嘉庆二年（1797年），又再次敕谕：以后的帝陵，必须"各依昭穆次序，在东陵、西陵界内分建，不必另卜他处"，"万世子孙，皆当以为法"。从此以后，清代皇帝陵墓，基本上是按照乾隆的谕令营建的，但也有例外，那就是宣宗的慕陵和穆宗的惠陵。

（段落）宣宗旻宁（道光）即位后，诏令奉乾隆敕谕，在东陵界内绕斗峪营建寿陵。道光元年（1821年）九月动工，七年九月完成，历时整整6年。寿陵建成后，道光皇帝曾亲自去察看，并表示满意，传谕嘉奖主持陵墓工程的庄亲王绵课、大学士戴均元等人。第二年，道光行围打猎，路过东陵，再次到寿陵察看，当他从地宫出来后，发现鞋底潮湿，便怀疑地宫渗水，当即敕谕在京的5位大臣会同刑部查究，由此引起了一场震惊朝野的陵墓公案。经过长达一年的追查审讯，不仅大批有关官吏受到了革职、流放、罚银等严厉处分，更严重的是，道光在恼怒之下，竟下令将陵墓全部拆除，并违背祖训，另在西陵龙泉峪重新营建。既然道光皇帝葬在西陵，他的儿子咸丰皇帝的陵墓，就只好建在东陵，即定陵。

同治皇帝的惠陵，依昭穆之制应建在西陵，而实际建在东陵，但违背祖训的不是同治本人，而是他的母亲慈禧太后。同治是咸丰的独生子，6岁登基，由慈安、慈禧两太后垂帘听政，他18岁时亲政，一年后便病死。惠陵是在他死后才仓促赶修的。同治虽是慈禧的亲生儿子，但因慈禧专横跋扈，并粗暴干涉他的婚姻，以致母子感情不和。同治死后，慈禧不仅在挑选新皇帝的问题上耍尽阴谋，将同治的堂弟、年仅3岁的载湉立为新帝（即光绪皇帝），以保住她的皇太后摄政地位，致使同治已有身孕的皇后阿鲁特氏绝望自杀；同时，在选择同治陵址上也大做文章。按乾隆定下的制度，陵址应在西陵界内，但慈禧却令首先去东陵卜择。由醇亲王奕譞率领的风水官们，经过仔细勘察，初步选出东陵的双山峪、成子峪和西陵的九龙峪3处。按风水官的报告，西陵的九龙峪风水最好，但当慈禧召集恭亲王奕䜣、醇亲王奕譞等人最后议定时，奕䜣却莫名其妙地主张建在东陵。慈禧听从奕䜣的意见，当即拍板，陵址定在东陵双山峪。第二天，便颁布两太后旨令，在双山峪为同治建造陵墓。同治的惠陵不仅远离主陵区，而且陵前无神道、无象生石刻，显得格外冷落。

⑤ 清代帝王丧礼

宫廷丧礼是历代丧葬文化的集中体现。清代宫廷之丧，既沿用儒家传统丧礼，又保留某些满洲旧俗，非常隆重复杂，浪费惊人。现将皇帝丧礼中有特色之处作一简单介绍。

（1）陀罗经被。皇帝死后，当日小殓，除衣着贵重华丽外，尸体上还要覆盖陀罗经被。陀罗经被由西藏活佛进贡，一般用白绫制作，上面印有烫金的梵文经咒，而皇帝用的陀罗经被为黄缎织金，五色梵字，每一幅都由活佛念过经，持过咒。小殓后，宫廷内外，举哀成服，人人穿白布孝衣，大殿内挂白布帐。乾隆皇帝死后成服时，一天就用掉白布两万匹。

（2）棺椁。棺椁虽不依古代棺椁之制，但制作极为讲究，装饰十分豪华。如乾隆皇帝的棺椁，内壁衬以五色织金梵字陀罗尼缎 5 匹、各色织金龙彩缎 8 匹，共衬 13 层。大殓时，棺椁内还要放入大量珍贵的随葬物品。

（3）丹旐（音 zhào）。大殓后，棺椁停放在乾清宫，宫门外置丹旐。丹旐就是幡，是从汉族丧仪中的铭旌演变而来的。不过，丹旐要比铭旌豪华得多。铭旌用的是一幅白布，上面书写死者的姓名官职；而丹旐是用丝织品制成。皇帝的丹旐为织金九龙绮。

（4）蓝批。皇帝之丧称"大事"，为国丧，要颁诏天下。新皇帝居庐守制，百日后御门听政，朝臣服衰 27 天。27 天之内，皇帝对朝臣所奏之事，不能像平常那样用红笔批复，要一律改用蓝笔，称"蓝批"。部院衙门行文，也要改用蓝印。此制本来只限皇帝、太后之丧，其他人无此制。但有时也有例外，那就是顺治皇帝的贵妃董鄂氏。她生前受到顺治的恩宠，死后又享殊礼，不仅被追封为皇后，而且，顺治帝违例用蓝批达 4 个月之久。

（5）殡宫。棺椁在乾清宫停放 27 天，然后移到殡宫暂时安放，等待下葬。殡宫没有统一的地方，顺治、康熙的殡宫设在景山寿皇殿，雍正的殡宫设在雍和宫永佑殿，乾隆、嘉庆、咸丰、同治、光绪的殡宫设在景山观德殿，道光的殡宫设在圆明园正大光明殿。

（6）遗念和殷奠。死者生前所用过的衣物，除用作随葬品的以外，其余的分为两部分：一部分送给亲属、大臣等人，称"遗念"；另一部分分批焚烧，就是殷奠。通过遗念和殷奠，不难看出清宫生活的奢侈。光绪皇帝是一个傀儡皇帝，无权无势，又死在清朝快要灭亡之时。按说，他的遗物应该是清代皇帝中最少的。但是，在他死后，皇室成员和文武大臣们仍都分到了不少"遗念"。其中以隆裕皇后和瑾妃得到的最多。隆裕皇后得到天鹅绒冠一顶，黄缂丝夹金龙袍一件，石青江绸棉金龙褂一件，月白春绸棉袄两件，月白春绸棉裤一件，灰春绸棉裤一件，青缎凉里尖靴一双，玉器两件。瑾妃得到黄江绸夹金龙袍一件，石青江绸棉金龙褂一件，月白春绸棉裤一件，青缎凉里尖靴一双，玉器两件。殷奠焚烧的衣物，数量更大。从死到葬，每逢祭奠礼仪，都要焚烧衣物。据粗略统计，共焚烧20次，烧掉衣物共734件，其中包括很珍贵的织金龙袍、天鹅绒冠及各种绸缎衣物。

（7）尊谥大典。清朝特别重视谥号，通常在大殓之后，由新皇帝命群臣拟定谥号、庙号。大臣们根据死者生前的事迹，找出一大堆溢美之词凑在一起，包括徽称20多个字。如雍正皇帝的徽称谥号为"敬天昌运建中表正文武英明宽仁信敬大孝至诚宪皇帝"。前面20个字是徽称，最后3个字是谥号，庙号为"世宗"，通称"世宗宪皇帝"。谥号、庙号拟定好以后，经新皇帝允准，交工部制造玉册、玉宝、香册、香宝、绢册、绢宝，由钦天监择吉日举行尊谥大典。大典极为隆重，前一天要派官员敬告天、地、太庙、社稷。大典之日，在殡宫前设仪仗，新皇帝率群臣行三拜九叩礼，礼仪官依次宣读绢册、绢宝。礼仪完毕，由新皇帝将谥号诏告天下。

（8）演杠。棺柩在殡宫停留的时间无定期，主要是根据陵墓竣工的时间而定，短则数月，长则数年。安葬前要进行大量的准备工作，如整修京城至陵地的道路、桥梁，沿途搭设供送葬时夜宿的幔城、芦殿。东、西二陵距京城均100多公里，通常走六七天。如此遥远的路程，巨大的棺柩竟不用车载运，而用人抬。抬棺杠夫通常要数千人，共分60班，每班128人。另外，每班还要有4人作候补。如此众多的杠夫，当然不可能是职业杠夫。除首末两班用校尉外，其余都是从京郊各县青年农民中挑选来的。安葬前，要把他们集中在德胜门外的旷地上，进行操练演习10多天，称"演杠"。演杠要严格按照送葬时的各项要求进行。杠夫用许多纵横十字交叉的木杠，抬着与棺材重量相同的木板行走。木板中心放一只盛满水的碗，以行进时水不溅出碗外为合格，实在强人所难。

（9）送葬。送葬是整个治丧活动中最隆重的仪式，除各种名目的祭奠仪式外，送葬队伍也极为壮观：最前面是64人的执幡队，接着是1000多人的仪仗队，旌旗招展，幡蠡蔽日；仪仗队后面是由128名身穿驾衣、头戴翎帽的杠夫抬着的棺柩，棺柩上覆盖圆顶棺罩，四周有绣龙围帐，如同一顶彩桥，所以称"吉祥

113

轿";棺柩后面是十路纵队的武装护卫,弦弓箭镞,刀枪如林;最后面是文武官吏、皇亲、后妃等人的送葬车队,通常有数千辆。乾隆皇帝安葬时,送葬车有4000多辆。整个送葬队伍浩浩荡荡,蜿蜒数十里。队伍过后,地上的纸钱雪白一片。

(10)奉安大典。棺柩抵达陵地后,先停放隆恩殿,遣官告祭祖陵、后土和陵寝山神。为使巨大的棺柩能平稳地进入地宫,要在墓道铺设木制轨道,将载棺灵车由轨道徐徐引至棺床之上。经管理丧事的王公大臣验视后,将灵车、木轨撤去,放置随葬物品。陪葬物品除各种衣物珍宝外,还有两口大缸,装满麻油,盖上设一灯台点燃,称"万年灯"。最后封闭墓门,焚烧仪仗。

(11)题主礼。封墓后,随即在隆恩殿举行题主礼。题主就是写牌位,由大学士2人行一跪三叩礼之后题写,然后,将写好的神牌放在宝座上,上香献酒。仪式结束后,神牌由皇帝和大臣护卫回京,放到紫禁城东侧的太庙中。至此,整个治丧活动结束。

6 清代官民丧俗

清朝比明朝更突出皇权,即使是大臣,也不过是皇帝的奴才而已,更不用说一般官吏了。所以,清代官吏丧葬礼仪,比历代官吏都轻。就是大臣死后,也从未见到有帝后亲临吊唁的记载,也无辍朝之制。功臣虽然可以在太庙放个牌位,称"配享太庙"，每年春秋举行祭祖典礼时，可沾光共享香火，但得到配享太庙的人，主要是满族亲王、郡王等人。大臣得以配享太庙的，整个清代只有 12 人，其中满大臣占 11 人，汉大臣仅有乾隆年间的大学士张廷玉一人。

官吏死后，是否赐给谥号，先由礼部奏请。皇帝允准后，由内阁撰拟，再报皇帝钦定。谥号一般为两个字，大学士及翰林出身的官员，上一字多用"文"；死于战事的官员，上一字多用"忠"。"文正"二字是荣誉最高的，"非品学德业无愧完人者"不能得此谥号。而且，这个谥号，内阁一般不敢擅自拟定，全部由皇帝特定。所以，得"文正"谥号的人，人数寥寥，整个清代也不足 10 人。

至于其他方面，如殓衣、棺椁、抬棺人数、铭旌、祭奠、坟丘、墓碑、象生石刻、墓志、明器等等，朝廷虽有具体规定，而且规格也不低，但真正能按规定办事的并不多。一般说来，在清代官吏中，厚葬风气并不突出。到清朝末年，官吏之丧已出现追悼会的形式。追悼会一般在广场举行，陈设要比设奠简朴得多。来宾也不送礼，男女均可参加。据《清稗类钞》记载，追悼会的程序是：摇铃开会；奏哀乐；献瓜果；唱追悼歌；述行状（介绍死者生平事迹）；读追悼文；奏哀乐；行三鞠躬礼；唱追悼歌；演说；奏哀乐；家属答谢，行三鞠躬礼。这种开追悼会的方式虽然不普遍，但却代表了当时丧葬礼仪变化的方向，是丧葬史上的重大转折。

民间丧葬，因贫富分化严重，更不可能有统一丧礼，也不受官方规定的约束。广大贫苦百姓饥寒交迫，常年挣扎在死亡线上，治丧难以循"礼"；而富有人家，却铺张奢侈，大摆排场，有的甚至连日开宴演戏。对此，朝廷也曾下令禁止，但并无效果。

民间丧葬多由宗族主持办理，有的地方还流行"三党咸集"风俗。三党，指父族、母族、妻族。人死以后，要首先讣告三党之亲。三党的人到齐后，由与死者关系最密切的人问明死因，验视尸体，然后才可入殓。父死入殓要得族长的允许，母死要得母党的允许，妻死要得妻党的允许。如果不经三党允许而擅自入殓者，便属无礼，要受到亲朋的反对、世人的非议。许多地方还流行"闹丧"，凡是已出嫁的年轻女子死去，母家要聚集大批男女到丧家争闹。尤其是非正常死亡，即使丧家非常贫穷，也要提出许多苛刻条件，要求厚葬，甚至"必倾其家、荡其产而后已"。

为了解决广大平民百姓因经济困难而长期不葬其亲或暴尸荒野的问题，各地出现了不同形式的助丧组织。清初，浙江德清县唐灏儒等人发起组织的"亲葬社"，共分8宗，每宗8人，设宗首、宗副各1人。亲葬社有社约和基金。凡社员中有葬其亲者，由宗首、宗副通知各宗，并记入社约："某年、月、日，某人某亲已葬。"以7年为期，过期不葬的，不吊唁，不给酬金。道光年间，桐乡县邱雨樵等人创办的"葬会"，由40人组成，每人每年各出两千钱，可供4个人的安葬费用。这4人是通过抓阄定出来的，抓到的可得2万钱的安葬费，由葬会负责购置安葬所需的东西，个人不得把钱带回挪作他用。由于葬会这类助丧组织对解决治丧困难很有好处，所以受到百姓的欢迎，在江南各地流行尤广。

十一　火葬的坎坷历程

1　早期的火葬

说到火葬，以往人们常把它误认为是外国独有的葬法，在我国是随着佛教的传入才有的，其实不然。它作为一种区域性、民族性的古老葬俗，早在原始社会后期，在我国西北和东北地区就已经出现。1954年在甘肃临洮寺洼山发现的父系氏族社会时的墓葬，就有装着骨灰的陶罐；1987年在辽宁新金县发现的时间更早的墓葬，也有经火烧过的人骨和陪葬的陶器。

战国时期，史书就有关于"焚尸"的记载，但不完全都是火葬。如卫国人掘褚师定子的墓，将尸体挖出焚烧；燕国人掘齐国人的墓，焚烧尸体等，都是把焚尸当作一种复仇泄愤的手段，和剖棺戮尸是一样的，不能看作是火葬。正因为当时人们把焚尸当作一种复仇泄愤的手段，所以，人们也就往往把焚尸看成是一种奇耻大辱。燕人掘齐人墓葬焚尸以后，激怒了齐人。齐人同仇敌忾，大败燕人。但是，当时居住在西部地区的羌、氐民族，的确实行火葬。人死以后，堆聚柴草，将尸体焚烧。而且，把焚尸时高高升起的浓烟，看作是灵魂登天。战争中，羌、氐人被俘虏以后，不担心被捆绑，而是担心死后不被焚烧。可见，当时火葬在西北地区已相当深入人心。

在唐代以前，火葬仅流行于边远少数民族地区。中原地区由于儒家思想的影响较深，人们把焚尸看成是"惨无人道"，所以一直不得流行。直到五代十国时，可能是在北方游牧民族的影响下才开始流行。后汉乾祐二年（949年），后汉的隐帝刘承祐及皇太后李氏、太妃、皇后等人被契丹人掳去。在从辽阳至建州（在今辽宁朝阳市西南）途中，太妃病死。她临终前遗嘱希望将其尸体火化，把骨灰向西南方飏（yáng，意飞扬）去，使灵魂返回中原。她死后，因砂石中找不到柴草，便拆毁所乘车辆，将尸体焚烧，骨灰带往建州。刘承祐等人被押到建州后，太后李氏又病危，也嘱咐说：要把尸体焚化，骨灰送到范阳佛寺安放，不要成为虏地之鬼。李氏死后，隐帝与皇后、宫人等，把灵柩运到契丹人指定的葬地焚烧，将骨灰就地埋葬。

2 火葬的流行

宋元时期，我国的丧葬发生了重大变化，从北方到南方，火葬普遍流行起来。其原因有二：一是佛教的影响，二是土地占有关系的变化。

佛教传入我国的时间虽然较早，但火葬流传艰难曲折，多次被封建统治者冷落，甚至被禁止。魏晋隋唐时期，佛教虽然有时较为流行，但其影响尚未完全深入到我国传统的礼乐制度中。五代后期，周世宗柴荣嫌寺院浮华奢侈，甚至下令废除寺院，禁止人们出家为僧，并将大量铜佛、铜磬熔化铸钱，使佛教再次受到沉重打击。但到北宋时，佛教得以转机，开始活跃起来。宋太祖赵匡胤崇信佛教，提倡修复寺庙，铸造佛像，并派遣 100 多人去印度求法，印刷《大藏经》。宋太宗赵光义特设译经院，翻译佛经，并大量修建寺庙，当时出家为僧者达 17 万多人。真宗赵恒时，全国僧尼达 46 万人。而且，宋代佛教的盛行，和魏晋南北朝隋唐时期不同，它的影响范围进一步扩大，几乎涉及社会生活的各个领域。传统的儒家丧礼也受到极大冲击。人们对佛家所提倡的火葬，不再像以前那样认为是不孝、是奇耻大辱，而逐渐习以为常。

除佛教提倡火葬外，道教也提倡火葬。元祐初年，建州浦城人周史卿去京城赶考，途中遇见一道士劝他说赶考求功名，不如回家修道成仙，周史卿便半路返回，与妻子一同进山炼丹修道 20 年。周史卿死后，他的一位朋友劝周的妻子说：学道之人把形体看作粪土，既然已死，还有什么吝惜的呢！周妻便将尸体火化。佛道两教在宋代享有同等特权，对民间信仰占有支配地位。而两教都把人的形体看作粪土，这就在一定程度上给火葬的流行扫除了心理上的障碍。

第二个原因是土地占有关系的变化。土地占有关系是历史上最重要的经济关系，它不仅决定人们生前的生活和社会地位，而且直接影响到对人死后的处置。

土地兼并现象在唐代后期就已相当严重。五代十国时，军阀豪强更大肆掠夺土地，使无地农民大大增加。宋代，土地进一步集中，佃户队伍进一步扩大。赵匡胤取得政权后，对众多的功臣、亲族、官僚等，都赐给大量土地。而皇室、贵族、官僚又不断把土地赠给寺院、道观，使僧道的土地占有量与日俱增。南宋时，土地兼并比北宋更为严重，统治者把因战争而离开家园之农民的土地没收，作为"官田"，同时，又把这些所谓"官田"的一部分，作为"赐田"分赏给皇亲国戚、文臣武将，有时还把官田廉价卖给豪强地主，从而造成土地的高度集中。由于土地大量集中到少数官僚、地主、僧道手中，广大农民不断失去土地，沦为佃户。北宋时，全国有一半以上的农民沦为佃户；南宋时，佃户几乎占全国总户数的2/3。这些无立锥之地的广大佃户，死后无地埋葬，便往往将尸体焚烧。即使有少量土地，为糊口也往往"惜地不葬其亲"，不舍得用来作坟地。

由于以上两方面的原因，火葬作为一种简单易行的葬制，便很快盛行起来。据文献记载，北宋时期，河东（泛指今山西）、汴京（今河南开封）和湖北等地，是火葬最为流行的地区。文献中说：河东地少人多，遇有丧事，即使是父母至亲，也都实行焚尸，取骨灰寄在寺庙中，天长日久，丢弃了事，"习以为俗"。又说：从五代以来，都城汴京"遵用夷法，率多火葬"；"楚俗死者，焚而委其骨于野"。但从考古发掘资料来看，除上述地区外，河北、河南、江苏、浙江、福建、广东、云南、贵州、四川、陕西等许多地区，都曾流行火葬。近几十年来，在这些地区发现了大量北宋时期的火葬墓，尤其四川的绵竹、成都等地更多。1952年在绵竹县泥金寺旁的稻田里，发现了大量骨灰罐和志砖，上面都有编号。如有一块志砖上刻着："浴室院，熙宁八年五月内寄骸骨，不知姓名，崇宁三年十二月七日葬，甲字第三十八号。"这是焚尸以后，把骨灰罐寄存在寺院里，可能因为寄存的骨灰罐逐年增多，寺院存放不下，由寺院埋葬的。从骨灰罐有编号来看，当时寄存在寺院中的骨灰罐是很多的。此时，北方的辽国盛行火葬，北京、辽宁等地发现了更多的火葬墓。

南宋时期，不仅金人统治的北方实行火葬，南宋统治的地区也普遍流行火葬，江苏、浙江、福建、四川等地更为流行。而且，实行火葬的，并不完全是因为家境贫穷，无地埋葬，就是富有人家，也多实行火葬。这从考古发掘中看得很清楚。许多火葬墓修建得非常讲究，不仅装骨灰的石棺、陶棺雕刻精细，而且还有比较多的陪丧物品。1959年在福建闽清发掘的一座火葬墓，用陶棺装骨灰，陪葬物品有铜像1尊、石俑1件、带盖青瓷缸3件。1973年在福建南安发掘的一座火葬墓，从墓志铭得知，死者是皇叔祖、少师、和义郡王赵士珸妻蔡氏。蔡氏曾因儿子身居高官被封为恭人。如此身份的人使用火葬，当然不是因为无地埋葬，而是风俗所致。

元朝取代南宋后，火葬流行更广。据《马可·波罗游记》记载，所到之处，如西北的敦煌、宁夏，四川的宁远，河北的正定，河南的商丘，山东的兖州，江苏的宿迁、淮安，浙江的杭州等地，都亲眼看到了火葬的场面。一些大中城市，如北京、苏州、杭州、福州、厦门、广州等地，火葬就更为盛行。

　　火葬的流行，自然对儒家"入土为安"的传统丧礼是一个严重挑战，以致引起历代统治者和士大夫的恐慌和不安。他们纷纷指责火葬是"夷法"、"违反孝道"、"伤风败俗"。例如宋代著名理学家程颐就曾说，古人之法，只有犯重大罪行的人才焚尸，而今竟以焚尸为礼，虽孝子贤孙也如此认为，"岂不哀哉？"甚至连著名改革家王安石也认为火葬是"大逆不道"，哀叹"先王之道难行也"！更有一些文臣儒生，到处呼号，请求朝廷发布命令，禁止火葬。最高统治者为了维护统治秩序，便三令五申，予以禁止。北宋建隆三年（962年），宋太祖赵匡胤就曾为此颁布诏令，大意是：人死后，用棺椁埋葬，筑坟植树，是为了厚人伦，行孝道。人们学习夷法，多行火葬，有违古礼，应予禁止。规定除僧人、蕃人可依旧俗实行火葬外，其他人一律不准用火葬，如有违犯，严加治罪。宋律规定：一般焚尸者，处以三年徒刑；子孙对父母、祖父母，奴婢对主人实行焚尸者，处以绞刑。元朝统治者推行汉化政策，学习儒家礼仪，也禁止焚尸。规定除从军应役之人和远方客旅，以及色目人可依本俗允许火葬外，其他人不许火葬。

　　但是，宋元时期，朝廷禁止火葬的谕令简直如同一张废纸，不起什么作用。而且，朝廷大臣中，也有人对禁止火葬持不同意见。如南宋绍兴二十八年（1158年），户部侍郎蔡戡曾上疏说：江浙等地的风俗，治丧破费很大，必须有多年的积蓄，才能办理丧事。广大贫苦人家，治丧唯求俭约，所以，都认为火葬方便。火葬已成风俗，势难一下子革除。他建议，除富豪士族等有钱人不许火葬外，贫苦百姓和客居远方的人，若有死亡，宜听其自便。宋高宗采纳了他的意见，所以，直到元朝灭亡，火葬在全国各地一直普遍流行。

但到明代，情况就不同了。明太祖朱元璋崇尚儒学，而且执法严厉，令出必行。洪武三年（1370年），他下令禁止火葬。说古代圣王治天下，有掩埋尸骨之令，施恩至于朽骨；而近世学习胡人之法，死后焚尸，把骨灰投入水中，如此伤风败俗，必须严加禁止。为了能有效地禁止火葬的流行，他还采取了相应措施，命令各地方官府，拨出空闲之地，设立义冢，供贫穷无地的人死后埋葬；出游远方死后无力归葬的，也不准火化，由官府酌量供给钱财，帮助归葬故里。他还把禁止火葬的诏令写进《大明律》，以法律手段强制推行，违犯者严惩。各地官吏也不敢怠慢，纷纷拨地设立义冢。在这种情况下，宋元以来普遍流行的火葬骤然减少。因此，在考古发掘中，明代火葬墓见到的很少。

尽管明代禁止火葬的法令严厉，实行火葬的逐渐减少，但也并未完全禁绝。且不说边远地区有些少数民族依然遵照旧俗，实行火葬，就是内地，特别是经济、文化发展水平较高的苏杭地区，也仍然流行火葬。无论是贫苦农民，还是家累千金的富有之家，死后"委之烈炬以为常"。所以有人说：火葬屡禁不止，"盖其俗自古而然矣"。这就是说，江南很早以来就流行火葬，风俗难改。明弘治年间，苏州知府曹凤为禁止火葬，在苏州城六门之外各设义冢，每处占地百余亩。"而民狃（音 niǔ，意为因袭）于故习，犹自若也"，依旧实行火葬。东北地区更是如此，1975 年在辽宁鞍山发掘的明代东北地方高级军官崔源的墓葬，墓中除他本人的骨架外，还有他妻子的骨灰罐。这说明，崔源是朝廷的命官，后人不敢违抗朝廷的禁令，但对他的妻子则不遵守禁令，仍实行火葬。

清朝发迹于东北，而东北自古以来流行火葬。努尔哈赤建立政权后，实行兵民一体的八旗制度，所有的人都被编入八旗之内，平时耕猎为民，战时披甲为兵。正是这种征战生活的需要，清军入关前普遍实行火葬，而且丧事非常简单。通常在死后第 2 天就将尸体焚化，3 天后便除服。不仅一般旗人死后用火葬，贵族也用火葬，就连努尔哈赤的长子褚英死后，也是将尸体火化，将骨灰装入罐中埋葬的。清军入关后，虽然大力推行汉化政策，学习汉人的礼俗，但仍有许多人依照旧俗，死后火葬，其中包括顺治皇帝福临、摄政王多尔衮、亲王多铎等帝王贵族。直到乾隆年间，乾隆皇帝才正式发布诏令，禁止火葬。不过，他的诏令比明太祖朱元璋的诏令口气大为缓和。他说：本朝发迹关东，因打仗而迁徙无常，遇到父母之丧，丢弃不管于心不忍，所以使用火葬，将骨灰随身携带，以遂不忍分离之愿，这是时势所迫，不得已而为之。而今天下太平，送死最为大事，怎能不因时而易，痛自猛醒呢？怎能固守旧俗呢？他规定：除远离家乡、客死在外的贫穷之人无力扶柩回里，不得已携骨灰归葬的以外，其他人一概不许用火葬。如有违犯，除当事人按律治罪外，族长及佐领隐匿不报者也一并给以处分。

尽管统治者三番五次地发布禁令，但火葬作为一种古老、文明、简便的葬俗，仍然不能完全禁止。明清时期，在封建统治者的高压政策下，火葬虽然比宋元时期大大减少，但仍然在悄悄地流行，和"入土为安"的传统葬俗相辅相成，并行不悖，代表了中国葬俗的变化趋势。

❸ 火葬礼仪与火葬墓

火葬作为一种重要而又广泛流行的葬法，并不是说人死以后，将尸体一烧了之。历史上的火葬和土葬一样，也有各种礼仪。不过，火葬的礼仪，通常要比土葬的礼仪简单得多。仪式的繁简，一般是根据死者的身份、地位和财产状况而定。不同地区之间，也有很大差异。由于火葬受佛教的影响较大，所以火葬的各种礼仪，多带有佛家丧俗的色彩。

凡实行火葬的，绝大多数不用棺材，而是将尸体直接放在柴堆之上，点火焚烧。但也有使用棺材的，先将尸体装入棺材内，然后将棺材一起焚烧。熊梦祥的《析津志》一书记载：买到棺材后，不抬入丧家，而停放在丧家门外屋檐下。一两天以后，将尸体抬出，在檐下入棺。然后将棺枢抬上丧车，由孝子亲属扶车护送到寺院中。焚尸时，孝子亲属在寺中稍坐，由专门负责焚尸的"丧夫"焚烧。马可·波罗在中国旅行时所见到的，也是先备棺成殓，然后运往火化之地，将棺枢和明器一起焚烧。1977 年在黑龙江发现的一些金代火葬墓，葬法很特殊。8 座火葬墓中，有 6 座用了大型木棺。木棺长三四米，宽、高各两米以上。葬法是先将尸体火化，将骨灰和各种陪葬物品装入木棺内。木棺放入墓坑后，再将木棺焚烧。

在停尸期间，一般也有奠祭、吊丧等礼仪。但最重要的是要请和尚念经，为死者消灾祈福。念经人数，少则数人，多至数十人、甚至上百人不等，主要是根据丧家的经济条件而定。

火葬不需要像土葬那样卜择所谓风水宝地，但要卜择火化日期。为等待吉日，停尸时间不等，有的竟长达半年之久。治丧设乐鼓吹，是儒家丧礼中最忌讳的，但火葬却不同，一般都设乐鼓吹。停尸期间，奠祭、吊丧时要击鼓奏乐；将尸体运往火化场时，要有鼓乐伴送；焚尸时，乐鼓齐鸣，表示为死者的灵魂送行。

焚尸地点，各地都有固定的场所，一般都在离居住区较远的地方。寺院也往往是焚尸场所。南宋时，吴县城外通济寺内有"火化亭"10间,"合城愚民,悉为所诱"。

尸体火化以后,对骨灰的处理,主要有两种方式:一是将骨灰直接投入江河或撒在荒野,也有放入"澈(音 sǎ)骨池"内的。澈骨池就是一个人工挖凿的水塘,多由寺院经理。尸体火化以后,不分男女,骨灰都投进水塘内。待水塘填满以后,由僧人在夜间挖出,丢弃到荒野。《水浒传》第二十六回写的武大郎死后焚尸,就属于这种情况。书中写道:"武大郎被其妻与奸夫西门庆合谋毒死以后,焚尸时,团头何九叔拣两块残骨拿去澈骨池内只一浸,看那骨头酥黑,判定武大郎是被毒死的,便把骨收藏起来,日后成为破案的证据。"将骨灰投入水中或丢弃荒野,自然就没有坟墓,以后一般不再有各种形式的祭祀仪式。如要祭祀,也只能在荒野或水边进行。如罗大经《鹤林玉露》一书记载:"京丞相仲远,豫章人也,崛起寒微,祖、父皆火化,无坟墓。每逢寒食,则野祭而已。"二是将骨灰收贮埋葬。既然埋葬,就要有葬具,并多留有坟墓,这种骨灰墓,在我国各地有大量发现,可以清楚地了解骨灰葬的情况。

在已发掘的大量火葬墓中,几乎全有葬具,绝大多数是陶罐、瓷罐,也有不少石棺与陶棺,还有极个别的用铜棺或银棺。一般说来,身份地位高和经济条件比较宽裕的人,多用石棺、陶棺;一般贫苦百姓多用陶罐、瓷罐。

石棺主要流行于北方。近几十年来,在东北的沈阳、辽阳和北京等地多有发现。这些石棺，通常是仿木棺形体，由 6 块带铆的石板构成，也有用一整块石头挖凿而成的。1949 年在沈阳小西门发现的李进墓，石棺长 1.4 米，宽、高各 0.7 米。棺外四面都有精细的浮雕：前面刻"朱雀"，后面刻"玄武"，左面刻"青龙"，右面刻"白虎"，各托以云雾、莲实花纹，前端还刻有铭文。1955 年在辽阳大林子村发现的一座火葬墓，石棺的棺盖和棺身都是用一整块巨石凿成，上下扣合。棺盖里面和棺身上面的中心，都凿有一个直径约 3 厘米、深 12 厘米的互相对称的圆窠，窠内放有盛骨灰的青瓷罐。棺身和棺盖作"子母口"，盖合极为严密。1972 年在北京南郊小红门发现的一座火葬墓，内有两具石棺，大小相同，也是用整块青石凿成。棺长 1.3 米、宽 0.8 米、高 0.82 米。墓主是元代初年辅佐忽必烈的重臣张弘纲夫妇。1956 年在山西大同发现的 8 座辽金时期的火葬墓，都用石棺，大多长六七十厘米，宽、高四五十厘米，盖上多有铭文。

陶棺也是比较讲究的一种骨灰葬具，主要流行于南方。迄今所发现的陶棺，以 1973 年在四川乐山发现的五代时期的一具彩陶棺规格最高。这具陶棺为黄、绿、褐三彩琉璃陶，分棺座、棺身两部分，制作和雕刻非常精致。棺长 81.5 厘米，前端高 40.5 厘米，后端高 24 厘米；棺座前宽 29 厘米，后宽 25 厘米；棺身前宽 27 厘米，后宽 18 厘米。棺身放在棺座上。棺座上刻有莲瓣花纹，棺身两侧下部各有 3 个壶门，壶门上各有 1 个兽头装饰；兽头上边，各刻有"青龙"、

"白虎"。棺盖上面也雕刻莲瓣花纹，前部左右配日、月，日里有"金乌"，月里有"玉兔"，与汉代画像墓的天象图相似。棺的前端为门楼造型，门楼两侧雕刻女子像。棺的正面为殿堂形状，耸立在两层台基之上，飞檐翘角。台基上立有 4 根檐柱，将殿堂分成 3 间。中心间两侧的檐柱上有斗拱，装饰得均匀灵巧。整具陶棺比例匀称，高低适度，显得庄严典雅。

宋元时期的陶棺制作简单粗糙。1956 年在福州市发现的两具北宋陶棺，形状为一头上翘，棺底为"工"字形座，棺外四周刻有壶门式图案，涂绿色或白、红色。

陶罐和瓷罐是火葬使用最多的葬具，在全国各地普遍流行。这种陶罐和瓷罐，大小没有统一规定，形状一般是小口大腹，平底。有的肩上带有双耳或四耳。口上用瓷碗、青砖或专门制作的圆盖覆盖。也有使用双罐或双坛的，就是在装有骨灰的小罐、坛外面，再套一个较大的罐、坛。这种双罐、双坛的丧葬法，类似土葬用的棺、椁，主要流行于福建。1958 年在厦门出土的北宋时期的一对骨灰套坛，最有代表性。两个坛子上均有鲜绿色釉，大的高 88.7 厘米、口径 37 厘米、底径 24 厘米，腰部鼓出，刻有庙宇图案花纹；小的高 41.5 厘米、口径 18.5 厘米、底径 16 厘米，腰部刻有波浪形图案，制作极为精细。

在云南昆明、大理、丽江等火葬流行的地区，骨灰罐制作也很精致，腹部多有凸起的十二生肖图。罐内的骨灰渣上，往往贴有赤金片子，并用朱砂画上所谓能驱使鬼神的符箓。

火葬墓多种多样，但绝大多数是小型土坑墓。就是挖一个小土坑，将骨灰罐浅埋，有的筑坟，有的不筑坟。使用这种埋法的，自然是一般平民百姓，以山西、河南等地最为流行。但也有不少用砖室墓的。就目前所见，砖室墓大致可分为三类：

第一类是大型砖室墓，所谓大型，是相比较而言，它比土葬大型砖室墓规模要小得多了。这种大型火葬砖室墓，主要流行于北方，东北和北京地区最多。1971 年在辽宁建昌发掘的一座金代火葬砖室墓，由墓道、墓门、甬道、左右耳室和主室 6 个部分组成。左右两个耳室为椭圆形。主室为六角形，东西对角线长 3.8 米，南北宽 3.1 米，墓墙用青灰色大块方砖砌成，墓底也铺有两层方砖。大型火葬砖室墓在南方也有发现，但为数很少。规模最大的是 1974 年在福建泉州发掘的一座宋代火葬墓，长 8 米，宽 7 米。墓室内放陶椁一具，椁底下面铺垫铜钱。椁中放陶制圆圈，圈上放青瓷骨灰罐一个。

第二类是小型砖室墓，在全国各地普遍流行，福建、四川等地最多。墓的长、宽、高一般在 1 米左右。使用这种小型砖室墓的，大多是一般平民百姓，但也有地位较高的，如"皇叔祖少师和义郡王"赵士珸之妻蔡氏的骨灰墓，长、宽都不足 2 米。在福建南安发现的元代提领潘八的骨灰墓，虽有两墓并列，但总宽度仅 1.8 米，进深 0.7 米。

第三类是简易砖室墓，这种砖室墓基本上是象征性的，非常简陋，一般都是用几块方砖围拼而成。在四川官渠埝发现的宋代骨灰墓，有许多就属于这种类型，长、宽、高各数十厘米。1962 年在上海发现的一座宋代简易型火葬砖室墓，是用 5 块小砖铺底，上面再用楔形砖围砌成多面筒状墓室。

火葬墓的陪葬物品与土葬墓不同。因为有些陪葬物品在焚尸时已经和尸体一起烧掉了，墓中所见到的，只能是一些不易燃烧的东西。所以，品种和数量都不能与土葬墓相比。当然也有火葬本身就比土葬节俭的原因。从考古发掘的资料来看，大量的土坑墓和简易型砖室墓基本上没有陪葬物品，即使有，也不过一两件碗盆之类的日用器皿。小型砖室墓大多数有陪葬物品，通常有陶、瓷器皿数件，多的也不过数十件。川西的宋代小型砖室墓，除陶瓷器皿外，有的还有陶俑、陶兽等明器；福建的小型砖室墓，则多有瓷器和石俑。1959 年在福建闽清发掘的一座宋代小型火葬砖室墓，陪葬物品除青瓷缸 3 件外，还有石俑 25 个。那些大型火葬墓的陪葬物品则较为丰厚，通常为数十件，多的甚至数百件，除陶瓷制品外，还有铜器、金银器、漆器和钱币等。大同西郊的一座金代火葬墓的陪葬物品，除各种木制家具模型、漆器、瓷器 50 多件以外，还有一件漂亮的，绣有 100 多只云鹤的大鹤氅。

西南民族的火葬风俗

我国少数民族众多，除西北、东北地区的少数民族流行火葬外，西南少数民族自古以来也普遍流行火葬，如彝族、傣族、纳西族、瑶族、土家族、普米族、哈尼族、拉祜族、白族、怒族、壮族、羌族、布朗族、傈僳族、景颇族、独龙族、德昂族、阿昌族等。但是，各民族之间，甚至同一民族的不同地域之间，火葬风俗并不完全相同。

凡是实行火葬的，大多不用棺材。送葬时，将尸体抬到郊外，用木柴焚烧。也有少数用棺材的，如壮族，人死以后，先挖坑，将木棺放入坑内。人们在棺盖上胡乱敲打，名为“土鼓”。3日后再抬出来焚烧。云南普米人死后，先用酥油、盐涂抹全身，再用麻布将尸体裹成蹲状，放进方形木棺中火化，骨灰用布袋收贮，放到本氏族共同存放骨灰的山洞中。傣族还有“抢棺”风俗，在焚烧之前，把棺柩放在车上，灵车前后各系一根粗绳，先由死者村寨的人牵引，行至途中，邻寨的人蜂拥而上，牵住灵车后部的绳索，像拔河一样，向相反的方向拉。如前面的人战胜后面的人，把灵车顺利拉到火化之地，便可举行火化仪式；如灵车被后面的人拉到他们的寨子，死者村寨的人就要携带酒肉食品到寨中求和，然后共同把灵车拉到火化之地。火化时，各方都要供给木柴。进行这种活动的，死者大多是部族酋长和其他有地位的人。

尸体火化后，对骨灰的处理，大多是装进罐坛之内，或掩埋，或存入山洞，滇东南瑶人则把骨灰罐放在家中，以便迁徙时携带。也有不收骨灰的，如布朗族，尸体火化后，由子女将骨灰扫成一堆，任凭风吹雨淋，不再过问。

明清时期，由于统治者的严令禁止，火葬逐渐减少。清朝雍正年间在西南少数民族地区推行"改土归流"以后，各民族之间，特别是与汉族之间的交往大大增多，汉族丧俗对他们的影响越来越大。到清朝末年，土葬基本上取代了火葬，成为西南少数民族地区的主要葬法。但也不完全如此，有的民族和地区，如凉山彝族、金沙江上游的纳西族等，仍然实行火葬，而且风俗奇特。凉山彝族没有固定的火葬场所，焚尸通常在房后山上进行。先铲平一块方地，搭设木架，木架上放一个竹编筛子，下面堆积木柴。火葬仪式在清晨太阳未出来以前进行，由4个人用临时制作的滑竿，将尸体抬到葬地，连同滑竿一起放在竹筛子上，然后点火。焚尸时，四周同时点起火把，火光聚成一团，看不到尸体被烧的情景。金沙江上游地区的纳西族，受藏传佛教的影响较深。人死后，尸体装入白麻布袋子中，停尸时间由喇嘛卜卦决定。停尸期间，要请喇嘛念经，超度亡灵。焚尸场所由巫师"达巴"选择，天亮前将尸体放在木架上焚烧。骨灰存放在各个家族公共墓地内。

壮族还普遍流行土葬与火葬相结合的"拾骨葬"，就是人死以后，先用木棺埋葬，一两年后，再将棺材挖出来焚烧，收骨灰装入罐内掩埋。滇南瑶族也有这种风俗，但只限老年人，先用木棺掩埋，三四年后再挖棺焚烧，另择吉日，埋葬骨灰。

普遍流行的风俗，是"凶死"仍用火葬。如苗族、傈僳族、崩龙族、布朗族、独龙族、德昂族、羌族、阿昌族等，凡是自缢、坠崖、投水、遭枪杀、难产、传染病等非正常死亡者，皆用火葬。他们认为，凶死者身上有恶魔，火葬能把恶魔烧死，避免再来害人。崩龙族在尸体火化后，还要用清水把残骨洗干净，然后再掩埋，也是为了清除恶魔。

十二 中国少数民族的葬俗

南方民族的悬棺葬

悬棺葬是古代南方越、濮、苗、瑶、僚等族的葬俗，就是把棺枢放在高高的悬崖之上。这种葬俗，曾引起历代文人学士的浓厚兴趣，留下不少有关的文字记载。关于悬棺葬的由来，说法不一，有的说把父母的尸体放在最高的地方为至孝；有的说把棺枢放在千丈悬崖之上，以先坠落者为吉祥；还有的说放在悬崖上是为了防止鸟兽的侵犯。总之，它是来自某种宗教信仰或思想意识。

悬棺葬作为一种独特的葬俗，不仅流行的时间长，而且流行的地区也很广。从夏商到明清，广泛流行于福建、浙江、江西、湖南、湖北、广东、广西、四川、贵州、云南等少数民族地区，而且是由东向西逐渐传播的。据专家考证，福建武夷山悬棺距今已 3000 多年，为夏商时期遗留下来的；江西贵溪悬棺距今 2600 年，约是春秋战国之物；四川长江三峡的悬棺，时间为战国到东汉时期；贵州松桃悬棺为两晋时期的；广西安隆、湖南永顺的悬棺时间约为唐宋时期；黔南悬棺大约是明清时期的。

悬棺葬是一般叫法，文献中对这种葬俗至少有二三十种叫法，而且多带有神秘色彩，如"仙人葬"、"仙蜕"、"仙岩"、"仙人城"、"仙人石"、"仙人山"、"仙人屋"、"仙人船"、"沉香船"、"挂岩子"、"箱子岩"、"亲家殿"等等。近代学者试图给以科学命名，但也很不统一，有"悬棺葬"、"崖葬"、"岩葬"、"崖洞葬"、"岩洞葬"、"崖墓"、"岩墓"等名目，这些叫法大多不离"崖"、"岩"二字，突出了悬崖岩洞的特点。根据文献记载和考古调查资料，这种葬俗，棺枢的放置方式，大约有 4 种情形：

第一种是崖洞式，数量最多，出现时间也最早。它的特点是利用临河峭壁上的天然崖洞或岩石裂缝，略加修整，把棺枢放在里面。如福建、江西、湖南、贵州等地的悬棺，大多属于这种方式。有的还在洞口安设木门，洞内用木板隔成椁室，架设棺木架。晚期的崖洞葬，多寻求幽险之处，不一定要求高岩临河。

第二种是将棺枢放在绝壁上天然形成的石台凹崖之处，不作任何掩饰。这种方式，以长江三峡悬棺最有特色，棺枢放在悬崖峭壁的水平缝隙中。四川巫溪荆竹坝、湖北秭归棺木岩等地，至今还存有许多这种古代棺枢，在山影云雾中时隐时现，被称为一大景观。

第三种是在悬崖上人工开凿直洞或横龛。直洞与崖壁垂直，有的口小腹大。横龛较小，仅仅能放进一棺，而且棺的一个侧面往往暴露在外。这种直洞与横龛，往往同时同地并存，互相参用。黔东、湘西和川南等地都有许多这种人工开凿的洞龛，有的洞龛外，还有人物、动物、花卉之类的雕刻。

第四种是名副其实的悬棺葬。在悬崖峭壁上打孔，楔进木桩，将棺柩架在木桩上，全部暴露，从崖下可以看见棺底。

以上无论哪种形式，共同之处是都葬在悬崖峭壁，可望而不可即。近年，考古学家在武夷山调查悬棺时，见放棺之处都是高不可攀的悬崖峭壁，只能借助望远镜观察。

放棺之处既如此险要，那么，当年是怎样把笨重的棺柩放到上面去的呢？据史书记载，大致有两种办法：一是先在悬崖下筑土堆，从土堆上把棺柩送到里面，然后再把土堆清除掉，这应该是一种可行的方法；二是用绳索从山顶上将棺柩坠下，放置到预定的位置。这种方法多适用于临河峭壁之处，似乎也不难办到，而且可能更省力。

2 北方民族的树葬

树葬，就是把尸体放在深山野外的树上，任其风化腐烂，也称"挂葬"、"空葬"、"风葬"。这是一种古老的葬俗，主要流行于北方一些少数民族中，鄂温克族、鄂伦春族最为盛行。这种丧俗的由来，一般认为同游猎经济有密切关系。游猎生活离不开森林树木，于是便形成一种观念，认为人死以后，灵魂会同活人一样，游荡于森林之中。古代契丹人把尸体放在树上后，祭奠时祷告说："冬月时，向阳时，若我射猎时，使我多得猪、鹿。"但为什么不把尸体埋在森林之中，而要放在树上呢？这和远古人"构木为巢，以避群害"的道理一样，是为了防止野兽侵犯，而且，山林中土层浅薄，不可能深埋，只有高高地放在树上，最为安全。

树葬的葬法，以"树架法"最为普遍。这种葬法，通常是在一棵大树的树杈上，用树枝搭设平台，将尸体放在平台上；也有的在相近的几棵大树的树杈间棚架横木、树枝，将尸体放在木架上；还有的是将两棵相距数尺的大树树干拦腰砍断，在树干上架设横木，尸体放在横木上。也有使用棺材的，如松花江下游的赫哲族，如果是打猎死在山中，便就地选用大树干一段，将一面砍平，挖成槽形，把尸体放进槽中，上面再盖上一个槽形棺盖，用树皮捆扎，然后将棺材放在树架上。也有不搭平台，而将尸体用苇箔或草编包裹后，直接悬挂在深山老林的树上。这种办法，在鄂温克人中最为流行。

实行树葬的，大多要实行二次葬。就是等尸体腐烂以后，收拾遗骨，或火化，或掩埋。也有一次葬的，如居住在内蒙古地区的一些鄂伦春人，人死之后，将尸体置于树上就算完了，即使树架脱落，遗骨掉在地上也不再过问。

3 藏族的天葬

藏族人普遍信奉佛教，外族人称藏区佛教为喇嘛教。藏族的丧葬风俗，宗教色彩极浓，除一系列宗教仪式外，葬法也非常奇特。达赖、班禅死后用塔葬，活佛、大喇嘛用火葬，其他人，不论官民，普遍实行"天葬"。

所谓天葬，就是尸体既不掩埋，也不火化，而是用来喂飞禽。

藏人认为，人停止呼吸，灵魂还留在尸体上，所以，必须在家停尸3天以上。如果3日内葬，则被认为是"罪恶之举"。停尸期间，要举行一系列宗教仪式，其中最主要的是要请喇嘛诵经、做法事。诵经是对死者追福、超度，做法事是为了让灵魂离开尸体。做法事时，死者的亲属必须离开，只留喇嘛于死者身旁，门窗全部关闭。等喇嘛施展法术后，宣布死者的灵魂已有去路，亲属才可入室。丧家要以牛羊金银酬谢喇嘛。停尸时间一般是3～7天，亲友都来吊唁，赠以银钱、哈达、茶酒等。葬前，要由星士占卜宾客的生辰，如生辰有与死者相同者，则认为将有不幸，不得参与送葬活动。

藏区各地都有天葬场，大都设在高坡或山冈之上。尸体运到天葬场以后，由藏语称为"惹甲巴"的司葬人，用斧子将尸体剁成块，撒喂飞禽。这种食尸飞禽叫鹫鹰，被认为是一种能通天上人间的灵性动物，所以也称"神鹰"。如果碎尸被飞禽吃光，便认为死者是"善人"，已经升天了。如果未被吃光，则认为死者生前有罪孽。这时，丧家要再次请喇嘛诵经，为死者消罪。司葬人也将尸块进一步剁碎，并掺拌酥油、糌粑面，以吸引飞禽来吃，直到吃光为止。施行天葬时，亲属坐在一旁，并不哭泣，认为这是"最慈善之举动，最高尚之德道"。

居住在青海、甘肃等地的藏民，也实行天葬。人死以后，由年长者执铤在前引导，将尸体背到荒野。由年长者先掷铤，然后将尸体放到铤落之处，头足与铤的首尾相同，任凭飞禽噬食。

西南民族的闹尸和送魂风俗

人死以后的停尸期间，围绕尸、棺跳舞唱歌，称"闹尸"或"娱尸"。这是西南少数民族中普遍流行的丧俗。苗族、土家族、傣族、彝族、壮族、纳西族、瑶族、傈僳族、哈尼族、景颇族、水族、仡佬族等，都很盛行。

苗族人称这种丧俗为"闹尸"。人死以后，亲友邻里都要到丧家坐卧相陪，吹芦笙，击牛皮鼓，唱丧歌，跳丧舞，昼夜不停，以"乐鬼"，直到埋葬为止。

土家族的丧歌丧舞出现很早，《隋书·地理志》在记载他们的先民"蛮左"丧俗时称：人死以后，将尸体放好，邻里少年各持弓箭绕尸而歌，以箭扣弓为节奏，其歌词大致是述说死者的生平好事。至明清以后，这种丧俗称"绕棺"和"跳丧"。"绕棺"包括念咒语和歌舞。参加歌舞的人，分两人对、四人对、八人对，多的甚至数十人对、上百人对。随着巫师念咒声，这些人便在灵柩前边舞边唱。舞蹈和歌词所表现的内容极广，既有民族历史传说、死者生平事迹，也有日常生产活动、神话故事等。有的有固定程式，有的是即兴表演，随编随唱。"跳丧"也是歌舞活动，不仅有本村寨的人参加，还有周围村寨的青年男女。跳丧有固定程序，有专人指教，并有鼓师指挥。程序包括"跳丧"、"摇丧"、"踹（音 zhuǎi）丧"、"穿丧"、"退丧"、"哭丧"等项。根据鼓师的鼓点变化，要不时变换舞姿。

傈僳族的丧舞叫"施勿登"，丧歌叫"尼莫"。停尸期间，亲友邻里每天要轮流到丧家为死者跳舞唱歌。尼莫歌歌词哀婉动人，曲调凄楚悲怆。

哈尼族也流行这种丧俗。停尸期间的每天晚上，村寨中的青年男女都要聚集到死者的房前跳"落花舞"，以表示对死者的哀悼。宾客吊唁时，头插鸡尾毛，击鼓摇铃地跳舞，名为"跳鬼"。

傣族称这种活动为"娱尸"。人死以后，不用僧道，亲戚邻里各带酒食至丧家，饮酒作乐；聚集少年百余人，歌舞达旦；妇女则击椎杵，直到葬时为止。

彝族的丧舞叫"蹉蛆舞"。在葬前的每天晚上，由几个身穿白衣、头戴纸花、手拿铜铃的儿童，在灵堂跳舞唱歌。

景颇族称这种丧俗为"布滚戈"。人死以后，亲属在门外鸣枪数响，向邻里亲友报丧。从死后的当天晚上起，同村寨与邻近村寨的青年男女都要到死者家中进行"布滚戈"活动，跳舞唱歌。丧家要备酒食招待。常常是通宵达旦，连续数夜，直到安葬为止。

仡佬族有"踩堂"仪式。参加踩堂的，3人一组，分别吹芦笙、打钱竿、舞丝刀，边跳边唱。

其他民族，如瑶族、纳西族等，也都有跳丧舞、唱丧歌的风俗，或称"暖丧"，或称"娱尸"。有的甚至还请专业艺人演戏跳舞。

叶落归根、返本还源的送魂活动，是西南少数民族普遍流行的又一个重要丧俗。西南少数民族的历史，有一个显著特点，那就是不少民族都有频繁迁徙的苦难经历，不断向历代统治势力薄弱的边远地区和深山密林深入。或通过文字记载，或口头传说，他们大都知道祖辈迁徙的路线，并形成了风情各异的返本还源丧俗。这种丧俗包括两种形式：一是人死以后，将尸体送回宗族发源地去安葬。这种方式困难较大，只有迁徙不远，而那里又有同宗族的人居住才可进行。如湘西凤凰腊尔山龙角峒，相传是苗族代削系的发源地。所以，凡是代削系苗人死后，若遗嘱要回老家去，子孙便设法将遗体送到龙角峒，由居住在那里的同胞负责安葬。二是送魂。这种丧俗流行极广，如苗族、普米族、景颇族、纳西族等都有。这里所说的送魂，与汉族和其他民族流行的送魂含意不同。汉族的送魂，多指把灵魂送往"西天"；东北各民族的送魂，多指把灵魂送往屋外，不让其在家作祟；而西南少数民族中流行的送魂，是指归宗，把灵魂送到祖先发源地去，有叶落归根、返本还源的意思。

黔东南雷公山区苗民的送魂仪式称"开路"。他们认为人有3个灵魂，其中1个在人死以后要回到祖宗发迹的地方去。但必须由"鬼师"开路才行，否则，灵魂找不到归路。开路的形式，是要杀一头猪和一只公鸡。据他们说，猪是灵物，能辟邪，行进时还能帮助打露水；公鸡能报晓，以便按时起程。祖辈相传，雷公山区苗民祖先发源地在东方，鬼师引路是沿着祖先迁来时的足迹，向相反的方向而行。现在，人们仍能说出这条路线，但地名无法印证。

云南普米族的送魂仪式叫"送羊子"，在入殓以后举行。仪式开始，先由巫师"韩规"念送魂经，然后牵来一只羊停在灵柩前。巫师在羊耳上撒少许酒和糌粑，如果这只羊摇头摆尾，就表示它乐于为死者灵魂带路，回到祖先发源地去；如果它纹丝不动，则表示不乐于领受这项任务。这时，死者家属要向它下跪敬酒，直到它摇头摆尾为止。然后，巫师一刀刺进羊腹，取出羊心，放在灵桌上。接着，给死者念"开路经"，指点亡人的名字，让羊驮着死者的灵魂，顺利地和先亡祖先团聚。兰坪地区的普米族，据巫师交代的归宗路线是：兰坪→鲁甸→石鼓→丽江→永宁→木里，一直往北。这和普米人历史上由北向南的迁徙路线基本吻合。

景颇族的送魂仪式在葬后举行，由巫师"董萨"打卦决定具体日期，或葬后一两个月，或一年半载。

仪式在坟前举行，亲朋好友都来参加。先在坟前杀牛致祭，然后举行"建坟"仪式：在坟上搭一座高二三丈的圆锥形草棚，草棚顶端立有死者木刻模拟像，有的还在坟前悬挂死者的遗物和纸幡。全家人排列站在"鬼门"前，其中离鬼门最近的一人，头顶一只竹篮，内装糯米饭和鸡蛋，由董萨指定一老年妇女，与顶篮人各持一根白线的两端。董萨念咒后，用刀将白线砍断。如果老年妇女所持的一端，落地时线头朝向门外，即认为死者的灵魂已经送走。否则，要重新进行，直到线头朝向门外为止。或者由董萨指定一名老年妇女，背对鬼门而立，将祭鬼用的刀抛向鬼门外。如刀落地后刀刃朝向门外，即表示灵魂已经送走，否则再抛。据祖辈相传，他们的祖先发源地在遥远的北方，即康藏高原一带。

丽江纳西族人死以后，要请东巴巫师为死者"开丧指路"，将灵魂送往祖先故地，据巫师所述的路线，一直送到木里无量河以北。这与历史上纳西族迁徙的路线也大体一致。3年后，还要举行"超荐礼"，用木偶象征死者，并举行赛马活动。然后，将木偶送到祖先迁来方向的岩洞中。

从以上所述可以看出，送魂都有明确的路线，而且基本上与历史上祖先迁徙路线相符。这既是祖先崇拜观念的反映，同时也表现出叶落归根、返本还源的思想感情，具有浓厚的民族色彩。

十三 薄葬论及反对厚葬的斗争

墨子的薄葬思想

在我国历史上，厚葬风气虽然出现过马鞍形变化，有时出现高潮，有时相对缓和，甚至还有低谷期，但总的来说，厚葬占主导地位。由于厚葬所造成的浪费危害很大，因而薄葬思想便应运而生。墨子便是最先宣传薄葬理论、反对厚葬的人。

墨子，名翟，春秋末战国初鲁国人，墨家学派的创始人。他出身低贱，曾做过宋国大夫。后来他的地位下降，经常接触社会下层，深知民间疾苦。

墨子的薄葬思想，是以利国利民的社会思想为基础的，集中体现在《墨子》一书的《节葬》篇中。他提出以"富贫"、"众寡"、"治乱"等"三利"为标准，来衡量厚葬久丧是否有好处，是否值得提倡。"富贫"，是指脱贫致富；"众寡"，是指繁衍增加人口；"治乱"，是指维护国家安定。他说：厚葬久丧如果可以"富贫"、"众寡"、"治乱"，那当然是大好事，应该大力提倡，永远不要革除；反过来，如果厚葬久丧有害"富贫"、"众寡"、"治乱"的话，就是要不得了，应该毫不犹豫地加以劝阻，永远不要这样做。然后，墨子围绕这三项标准，对厚葬久丧进行精辟的剖析。

（1）厚葬久丧有害于"富贫"，不能使人脱贫致富。他说：如果实行厚葬，大夫久丧，棺椁必重，埋葬必厚，衣衾必多，坟墓必大；平民百姓，必倾家荡产。而久丧，居丧服孝3年，王公则不能早朝，大夫不能处理公务，农民不能耕作，百工不能造车船器皿，妇人不能彻夜纺织。已有的财物埋掉了，将有的财物又被禁止，想致富，如同禁耕作而求收获一样，是不可得到的。

（2）厚葬久丧有害于"众寡"，不能增加人口。他说：实行久丧，长期的居丧禁忌，会使人面黄肌瘦，耳目不明，手足无力，严重影响健康，冬不能忍寒，夏不能耐暑；而厚葬又影响生财，衣食交困，生病而死者不可胜计；同时，久丧居丧期间无夫妻间的正常生活，也影响生育。在这种情况下，想求增加人口，如同屠刀已架在脖子上想求长寿一样，是不可能的。

（3）厚葬久丧有害于"治乱"，不能使国家安定。他说：实行厚葬久丧，上不能听政，下不能从事，刑政必乱，衣食必匮。衣食拮据，弟弟向哥哥要，哥哥没有，弟弟必埋怨哥哥；儿子向父亲要，父亲没有，儿子必埋怨父亲；臣下向君主要，君主没有，臣下必埋怨君主。这样，就会使人们之间的关系紧张，矛盾

147

加深。更有人因出则无衣，入则无食，被迫沦为盗贼。如此，想求得国家的长治久安是不可能的。

（4）厚葬久丧无法抵抗外国的侵袭。他说：实行厚葬久丧，国家必然贫穷，人口必然减少，刑政必然混乱。如果是这样，遇有外国入侵，战则不能胜，守则不能固，自然无法保证国家的安全。

除以上论述外，墨子还指出，厚葬久丧不是圣贤之道。他说：以前，尧出战八狄，死在途中，葬巩山，楮木之棺，殓衣三件，无坟丘；舜出战西戎，死在途中，葬南己之市，楮木之棺，殓衣三件，无坟丘；禹出战九夷，死在途中，葬会稽山，桐木棺三寸厚，殓衣三件，无坟丘。从这3个圣人的丧葬来看，厚葬久丧并不是圣王之道。

墨子在分析了厚葬久丧的危害、指出厚葬久丧不是圣贤之道以后，又提出了既符合孝道，又不奢侈浪费的标准是：棺材三寸厚薄，足以朽骨；殓衣三件，足以朽肉；送丧哭往哭来，返回后便从事衣食之事。总之，墨子的主张，是在不失孝道的前提下，尽量节省丧葬费用，增加衣食之财，以达到富民强国的目的。

吕不韦的薄葬思想

吕不韦，战国末年卫国人，原为富商，家产万贯，后弃商从政，任秦国相，为秦国的统一大业和经济发展作出了重大贡献。吕不韦具有朴素的唯物主义思想，不信鬼神，不承认天命，认为人的生死不是命中注定的，而是一种客观的必然性。他主持编写的《吕氏春秋》一书，猛烈抨击厚葬，提倡薄葬。

该书《孟冬纪·节丧篇》说：凡生活于天地间的事物，必然要有死亡，这是不可避免的。子女赡养、尊重他们的父母，父母疼爱自己的子女，这是人的天性，把尊重和疼爱的人的尸体丢进沟壑，是不合人之常情的，所以才有埋葬。葬是藏的意思，是人们应该慎重对待的。所谓慎重，就是活着的人要给死者安排一个安定的住所，所以，没有比坟墓不被盗掘更重要的了，而要想达到这个目的，没有比墓中无利可图更安全的了。这就叫作"大闭"。

该书《安死篇》又进一步说：从古到今，没有不灭亡的国家，既然没有不灭亡的国家，就没有不被挖掘的坟墓，历史上已经灭亡的国家数也数不尽，大墓没有不被掘开的，但世人却争着造大墓，难道这不可悲吗？社会上，历来有这么一些人，他们害怕耕作、打柴之苦，不肯从事各种劳役，游手好闲，却追求锦衣玉食的生活。为达此目的，他们往往聚集起来，拦路打劫，盗掘大墓，将所挖到的财物瓜分。如果所尊重、所疼爱的人死后却遭到恶人、盗贼、匪寇的凌辱，这是何等令人痛心、忧虑的呀！书中又说：先王以节俭的原则安葬死者，不是吝惜财产，也不是怕耗费人力，而完全是为死者考虑。先王所忧虑的是怕坟墓被盗掘，死者受到凌辱。如果俭葬，墓中无利可图，坟墓就不会被盗掘。所以，埋葬一定要做到俭，只有俭葬才叫爱人。想爱人的人很多，但真正懂得爱人的人却很少。宋国还没有灭亡，东冢就被盗掘；齐国还没有灭亡，庄公的墓就被盗掘。国家安定时尚且如此，又何况百年之后国家已经灭亡了呢？假如有这样一个人，埋葬死者时，在墓前立一块石碑，上面写道："墓里的陪葬器物有珠玉、古玩、宝器，十分丰富，不可不发掘，掘开它一定会大富起来，可以世世代代乘车吃肉。"人们一定会嘲笑他，说他太愚蠢。其实，搞厚葬的人就与他相似。所以，人们不可不明察，本来是想敬爱死者，结果反倒害了他们。

吕氏的薄葬思想虽有较大的局限性，他的出发点不像墨子那样是为了富国强民，而是所谓"安死"，坟墓不被人盗发。但是，对厚葬的揭露和批评，还是相当猛烈尖锐的。他说，人们之所以大肆厚葬，并不是行孝，而是借厚葬炫耀财富，他们把奢侈浪费行为看作光荣，把俭省节约看作鄙陋，一心考虑如何争得别人的赞誉，出人头地。

8 汉代薄葬思想的发展

事物总是相辅相成的。汉代是我国历史上厚葬高峰期之一。但随着厚葬风气的盛行，薄葬思想和反对厚葬的斗争也发展到了一个新的阶段，出现了一大批薄葬论者和反对厚葬的勇士，如杨王孙、王充、王符、赵咨等。

杨王孙是西汉著名的"裸葬论"者。他自幼"学黄老之术"，受先秦道家"轻死乐终"思想的影响较

150

深。他认为，有生就有死，死是生命的终结，生死变化是自然现象；人死以后，尸体要回到自然中去，化为泥土，这是不能改变的规律；而实行厚葬，层层殓衣把尸体裹得严严的，口含玉石，装在层层套合的棺椁里，尸体欲化不得，变成枯蜡，千百年后，棺椁腐朽，才得以归土，这不是有意阻碍回归自然吗？因此，他认为裸葬最合乎情理。他不仅这样认为，而且身体力行。他虽然"家业千金"，却坚持实行裸葬。他留下遗嘱：死后用布袋装尸，入地七尺。尸体放入墓坟后，将布袋由足部脱下来，光着身子埋在土坑里，以求早日回归自然。他的儿子于心不忍，请父亲的好友祁侯相劝，杨王孙回答说：厚葬对死者没有任何意义，而俗人竞相厚葬，互相攀比，使财宝烂在地下，岂不可惜？或是今日葬，而明日就可能被盗掘，这与暴尸荒野又有什么不同？他又说："吾是以裸葬，将以矫世也。"意思是他之所以要坚持实行裸葬，目的是为了改变厚葬风俗。杨王孙的这一行动，对后世颇有影响。

王充是东汉著名的无神论思想家。他的薄葬思想，是以无神论为基础的，所以有较大的进步意义。他以唯物主义自然观为武器，同时利用当时的医学成就和实际生活事例，写了《论死》、《死伪》、《道虚》、《辨祟》、《薄葬》等一系列文章，批判"人死为鬼，有知，能害人"的鬼神迷信，针锋相对地提出了"人死不为鬼，无知，不能害人"的无神论观点，从而否定了厚葬的理论依据。他说："人所以生者，精气也，死而精气灭。能为精气者，心脉也，人死血脉竭，竭而精气灭，灭而形体朽，朽而成灰土，何用为鬼。"意思是：人所以能够活着，是因为形体上有精气，人死，是精气离开形体回到自然中去了；能保留精气的东西是血脉，而人死后，血脉便枯竭了，血脉枯竭便留不住精气。精气离开形体，形体便腐朽，变成灰土，怎么能变成鬼呢？王充还对社会上流传的有关人死变鬼、鬼能害人的迷信传说逐个进行批驳。他认为，不彻底批倒"人死后变鬼、有知觉、能害人"的谬论，厚葬风气就不会停止，最后会使国家走上危亡的道路。

王符是东汉后期的进步思想家。他目睹当时贵族官僚治丧时的奢侈行为，无比愤慨。他和王充不同的是，主要不是从理论上分析批判，而是对厚葬的事实和危害进行无情揭露、猛烈抨击。他说：京师贵戚，郡县豪吏，父母在时，不尽心奉养，却死后崇丧；或金缕玉衣，或檽梓棺椁，建造大墓，多埋珍宝；宠臣大吏，州郡世家，每有丧葬，所属官吏大批地送礼，或车马，或金银；丧家大宴宾客，竞相华观。又说，制作棺椁的檽梓木材，出在极远的深山穷谷，不仅难以寻找，砍伐也很困难。弄到木材后，要水陆交替，千里迢迢，数月才能运到。工匠雕制，费时费工。制成一棺，往往"功将千万"。棺材重达万斤，埋葬费力，"费功伤农，可为痛心"。他严厉批评这种厚葬风气败坏社会道德风尚。他说：养生顺志才称得上是孝，而今人却"约生待终"，父母在的时候，让他们节衣缩食，死后，以厚葬"言孝"，以摆排场"求名"。他还尖锐地指出：厚葬风气的盛行，完全是帝王权贵引起的。他呼吁最高统治者能"正丧仪以率群下",带头改变这种恶劣风气。如不移风易俗,听任厚葬风气盛行,国家必有灭亡的危险。

赵咨是东汉后期的地方官吏,延熹年间(158~167年)任敦煌太守。他为官清廉,反对奢华,对丧葬也有独到见解。他说:有生必有死,这是"天地之常期,自然之至数",是不可抗拒的规律。所以,通情达理之人,视"生死为朝夕";人死以后"还合粪土,土为弃物,岂有性情,而欲制其厚薄"。他批评厚葬是"淫邪"行为:使"玩好穷于粪土,伎巧费于窀穸(音 zhūnxī,墓坑)";"违礼之本,事礼之末,务礼之华,弃礼之实"。他认为倾家荡产以求厚葬,丢弃奉养而求送终,这是不符合圣人之礼的。临终前,他遗言死后薄葬,殓以时服素棺,平地无坟,欲求速朽。儿子赵胤谨遵父命,一切从俭。时人均称赵咨"明达"。

魏晋以后的薄葬思想

魏晋南北朝是历史上薄葬流行的时期。薄葬的骤然流行,有多种原因,但与薄葬论的宣传也有直接关系。特别是曹操父子的言行,对当时薄葬的流行起了很大作用。

曹操、曹丕父子薄葬思想的形成,首先和当时的政治、经济形势有关。这一点在曹操身上表现很明显。他在建安二十三年(218年)的敕令中说:"天下尚未安定,未得遵古也。"意思是说当时形势不允许铺张浪费。其次是受《吕氏春秋》的影响，这一点在曹丕身上表现得尤为突出。曹丕认为，实行薄葬，主要是为了"安死"。他说：葬者，藏也，欲使人不得见也；尸骨无痛痒之知，坟墓也非安神之所；棺椁足以朽骨，殓衣足以朽肉而已，没有更多的用处；葬在山林，就要合于山林，和大自然融为一体，无需筑起坟丘。又说：自古没有不亡的国家，也没有不被盗掘的陵墓。自动乱以来，汉代帝王陵墓都被盗掘了，陪葬的金银财宝被盗一空，骨骸抛弃荒野，岂不悲惨痛心！让死者遭受这种凌辱，都是厚葬造成的。他遗令死后一定要薄葬，如果违反他的遗令，就是大逆不道，就是寇仇。

唐宋以后，也出现了许多薄葬论者。如北宋的翰林学士宋祁，元代的无神论思想家谢应芳，明代的大政治家张居正，清代的杰出思想家黄宗羲、著名小说家吴敬梓等人。他们都反对厚葬，提倡薄葬，对改变社会风气起了很好的作用。

十四　风水迷信及古人对风水的批判

风水的产生及其欺骗性

有埋葬就有选择墓地的问题，这如同活人建造房屋一样，总想选择一个好地方。原始社会，人们通常是在村落附近，选择地势较高、较宽敞的地方作为氏族墓地。商周时，人们便开始用占卜的方法选择墓地，叫"相地"。相，是观察判断，主要着眼于地理形势，并没有更多的禁忌。但到秦汉时期，随着厚葬风气的盛行和神学的兴起，选择墓地也就更加受到人们的重视。为死人选择一个安息之所，本来是人之常情，无可非议，但荒谬的是，把死人的墓地与活人的贫富贵贱、吉凶祸福联系在一起。如说墓地选得好，子孙后代可做官发财，大福大贵；墓地选得不好，就要给子孙后代带来灾难。这就是风水的产生。

为什么把选择墓地称作看风水呢？这完全是相地人，也就是后来称为风水先生的故弄玄虚。他们蒙骗世人，挖空心思，找出与人类生活关系最密切的、时

155

刻都离不开的气、风、水三种东西大做文章，说得玄而又玄，使人们似懂非懂，感到可信。

气，是人们时刻不能离开的东西，自然比较熟悉，但风水先生却把气分为生气、死气、阳气、阴气、土气、地气、乘气、聚气等。而生气是万物生长发育之气，是最重要的。选择墓地的标准，就是要看有无生气。有生气便是吉地，可荫福子孙；无生气就是凶地，便会祸害后人。生气怎么找呢？风水先生又说：生气是顺着龙脉走的。龙脉，是古人对山川的一种称呼。因山川绵延起伏像巨龙，所以称龙脉。古人曾把昆仑山作为龙脉之源，它的三大支系分别把我国各大山脉连在一起后而入海。北支称北龙，中支称中龙，南支称南龙。古人的这种分法虽不完全准确，但基本上反映了我国山脉的大致走向，为人们所接受。正因为如此，后来的风水先生们便生拉硬扯，牵强附会，说生气是顺着龙脉走的。这就难办了，要找到生气，非他们风水先生莫属。

风，是人类在长期的生活和生产实践中最熟悉的。它有强大无比的威力，能刮倒房屋，吹坏庄稼，给人类带来灾难。所以，古人认为风是凶的、恶的。根据风的方向，古人把风分为八种，称"八面之风"：东北风称炎风，东风称滔风，东南风称熏风，南风称巨风，西南风称凄风，西风称飂风，西北风称厉风，北风称寒风。这种分法也和自然现象基本吻合。而风水先生移花接木，根据这八种风，提出了什么墓前风、墓后风、墓左风、墓右风，左肩风、右肩风、左足风、右足风，也是八种。诡称这八种风能吹散生气，选择墓地时，一定要避开这八种风，不然便会有灾难。怎么避开呢，也是非他们莫属。

水，是生命之源，和人类生活关系最密切。所以，风水先生把水称为吉的象征，并说水可聚气："无水，则风到气散；有水，则气止而风无"。因此，选择墓地以得水最为重要，只有得水，才能聚集生气，驱散恶风。

按照风水先生的说法，选择墓地的标准是生气，而生气要受风和水的制约，风能驱散生气，水能聚集生气，所以，风和水是决定有无生气的关键。这就是把相地称为看风水的原因。如果只是这样，倒也简单，找一处依山傍水的地方就行了，又避风，又得水。然而，风水先生说生气是顺着龙脉走的，怎么走法，经过哪里，人们不知道；风又分八种，怎么识别，怎么躲避，人们也不知道。所以，要选择风水宝地，个人是无能为力的，只有请风水先生。

风水先生选择墓地叫"点穴"。点穴时，他们装模作样地在周围观察，看看山川的走向、墓地周围的环境，甚至还用嘴尝尝水的味道，闻闻泥土的气息。然后，口中念念有词，推算气、风、水的克制关系，预测是吉地还是凶地。有的风水先生还利用工具测定。常用的工具是罗盘。罗盘是由指南针发展而来的，盘面上画有密密麻麻的符号，表示某种意义，中间有一根磁针。测量时，将磁针连拨数次，如磁针平稳地停在中线上，则表示为吉，如磁针摇动不定，则表示为凶。

风水先生自己也知道他们的把戏靠不住，害怕不能应验而断了财路，所以，在选定穴位以后，还常常要胡诌一番模棱两可的话。例如，墓地选好后他往往还要补充说：墓地是吉祥之地没有问题，但还要看你的命是否受用得起。如果你命中注定受穷，再好的墓地也不会有好的结果；至于什么时候能时来运转，那是天机不可泄露，或许是现在，或许是将来，或许几年之后、几十年之后，甚至几代人之后。让人难以捉摸，以此骗人。

② 风水的流传与危害

正因为风水借用了古人对风和水的朴素认识，又掺杂了天文、地理、伦理、建筑等方面的知识，裹上神秘的外衣；再加上风水先生的三寸不烂之舌，花言巧语，把风水描绘得神乎其神，让人们陶醉在幻想之中，所以具有很大的欺骗性和煽动性。它一经出现，便流行很广，出现了许多风水书和无数的风水先生。汉代是一个鬼神迷信和厚葬风气盛行的时代，风水书尤多，如《堪舆金匮》、《葬经》、《青囊经》等。晋代人郭璞的《葬书》是目前尚存的时间最早的风水书，对后世的影响最大，被历代风水先生当作看家法宝。相传郭璞早年跟随一个姓郭的风水先生学习相地术，并得到一本《青囊经》。郭璞读后，茅塞顿开，成了一个"半人半仙"的风水先生。后来，郭璞的徒弟赵载将《青囊经》偷走，但尚未来得及阅读，就被火烧掉了。郭璞凭记忆，再加进自己的心得体会，写出了《葬书》。

唐代，《葬书》流传很广，一般读书人对风水大都略知一二，并出现了张说、浮屠泓师、司马头陀、杨筠松、丘廷翰、曾文遄等许多风水大师，其中尤以杨筠松名气最大。据说，唐文宗李昂曾把《葬书》收藏宫中，黄巢起义军攻破长安时，国师杨筠松把《葬书》从宫中偷出来，带到原籍江西传播，弟子盈门。

宋代，风水进一步流行发展，上自帝王将相，下到平民百姓，无不迷信风水。风水大师也特别多，像赖文俊、陈抟、吴景鸾、傅伯通、徐仁旺、王伋、邹宽、张鬼灵、蔡元定、厉伯韶等人都名噪一时。讲风水的书也特别多，不仅私人著书讲风水，官书也有谈风水的。如北宋仁宗时，官修《地形新书》就有"地形吉凶条"，大谈墓地吉凶。在众多的风水书中，尤以《大汉原陵秘葬经》说得最为详细。

明清时期，风水流行的势头相对减弱。有的封建皇帝还公开批评风水，告诫人们不要上当受骗。如明太祖朱元璋就曾告诫人们在办理丧事时，"毋惑于阳阴风水拘忌，停柩不葬"。清高宗弘历也不信风水，他在嘉庆二年（1797年）二月的敕谕中指出："堪域术士，每多立异邀功之习，所言最不可信"，告诫子孙切不要受他们的迷惑。但也有不少帝王迷信风水，如清代雍正皇帝，为寻求风水宝地，不惜破坏祖制，将寿陵由遵化迁到易县，受到世人的非议。在民间，风水仍比较流行，为寻求风水宝地而停柩不葬的现象时有存在，但不如宋代严重。

风水是一种迷信，完全没有科学根据，因此，对社会的危害很大。由于风水宝地的条件很多，选择不易，特别是风水先生为多收钱财，贪图吃喝，往往故弄玄虚，拖延时间，甚至一年半载也找不到一块风水宝地。而丧家迷信风水，往往长期停柩不葬。这种现象，宋代最为严重。正如宋代著名历史学家司马光所说：风水使人拘忌而畏惧，对于丧葬，为害尤甚。士庶之家，为求葬地，"至有累世不葬者"。清代，杭州西湖停柩之多，使游人不禁惊呼："西湖色色可人，惜厝（停放）棺山阳最可憎。"更严重的是，有的丧家因为长时间找不到风水宝地，宁可把父母的棺柩丢弃，也不愿埋葬在不是所谓风水宝地的地方。

风水先生为了赚钱，还常常在已葬多年的祖坟上打主意，如果谁家有了灾难，或者贫穷无人做官，他们便说你家祖坟的风水不好，只有重新选择风水宝地，才能变凶为吉，升官发财。不少人因此受到愚弄。

古人对风水的批判

看风水和其他迷信活动一样，尽管很流行，但毕竟是一种骗局，逃脱不了人们对它的揭露和批判。历史上，对风水迷信最先发起进攻的人，是汉代无神论思想家王充。他的著作《论衡》，有许多篇都涉及对风水的批判。汉代以后，随着阴宅（死人的坟墓）风水的逐渐流行，反对风水的人也越来越多，批判也越来越深刻。

隋朝的开国皇帝杨坚，是历代帝王中最早反对风水迷信的人。他当皇帝后，有人向他宣传风水，他声色俱厉地说：我家祖坟所占的地方，如果说不是风水宝地，可我却当了皇帝；如果说是风水宝地，可我的兄弟又是打仗死的。说得那人无言以对。

唐代初年的无神论者吕才，反对占卜墓地。他说风水不合古代圣贤的教诲。他在《叙葬书》中举了不少前人作例子，说明富贵、官爵来自个人的德行，而不是决定于先祖墓地的吉凶。而且人的贵贱常有变化，有初贱而后贵的，也有先贵而后贱的，怎么能说是由坟墓所造成的呢。他认为墓地吉凶之说，不过是风水先生利用世俗之人的无知骗取钱财罢了。

宋代是风水盛行的时期，也是风水批判深入发展的时期，出现了不少批驳风水的有识之士，例如司马光。北宋帝陵在河南巩县，仁宗赵祯死后，新皇帝赵曙及皇太后把当时国家内外交困的局面归罪于陵地不好，想给仁宗另找风水宝地埋葬。司马光就坚决反对。他说：皇帝丧事，应当遵照先王之礼。风水不过是世俗委巷之言，风水先生皆市井愚夫，何必理他，国家的兴衰，在于德行的美恶，而不在墓地的吉凶。埋葬只是掩其形体，子孙怎么可以指望从墓地得福呢？他要求国家把郭璞的《葬书》列为禁书，下令禁止风水恶俗的流行。为了揭露批判风水的欺骗性，他还写了《论葬》一文。文中写到：葬者藏也，孝子不忍亲人的尸体暴露在外，所以才有埋葬，而风水硬把埋葬与子孙的贵贱、贫富、命长命短、聪明愚笨连在一起。人

161

们受其蒙骗，长期不葬，甚至还有将父母的棺柩丢弃的，岂不可悲？

著名理学家程颐虽提倡厚葬，但他却反对风水。他说：卜择吉地，不过是选择土色光润、草木茂盛之地，使死者的灵魂安适，而不是风水家所说的祸福。墓穴方位，是尊长之人在中间，子孙左右两侧，如迷信风水，想方设法求吉，结果反而会得凶。

元代思想家谢应芳在他的《辨惑编》一书中，也批判了风水迷信。他指出：古代择地葬亲，本来是出于对长辈的孝敬。而后人迷信风水，把它用来为个人打算，宁愿让父母的尸体长期不得入土为安，也不愿自己因墓地不吉利受到影响，多么自私可恨。他批评看风水不过是野师俗巫用来骗取钱财的借口，无任何可取之处。

明清时期，随着社会的进步，科学的发展，批评风水的人更多，其中最有战斗力的是张居正和黄宗羲。

张居正是明朝万历年间的著名政治家，位居首辅，主持国事达十年之久。他针对当时明王朝的诸多弊病，雷厉风行地推行改革，移风易俗也是其中的重要内容。他写的《论葬地》一文，就是讨伐风水的檄文。

他说：远古的人死后，都丢在山沟里，子孙却有贵有贱，有尊有卑，有穷有富，有的命长，有的命短。当时并没有葬地，这是谁造成的呢？外国实行火葬，没有墓地，也有贵贱、贫富、命长命短之别，这又是谁造成的呢？今江南之地，有实行水葬的，以鱼鳖的

肚子作坟墓，他们的子孙也有当大官、发大财的，这
又是谁造成的呢？广大贫苦百姓，父母死后，有的埋
在荒郊，有的埋在乱葬公墓，不讲风水，而他们的子
孙暴发崛起，当官发财的仍不可胜数。又说：风水是
人们自私非分的奢望，都是不可相信的无稽之谈；风
水先生的祖师爷郭璞，为他父母选择的墓地自然是上
等风水宝地，可这带来好运了吗？他本人不是被王敦
杀掉了吗？他的后人也默默无闻。现在的风水先生以
唐代江西人曾文遄（音 chuán）、杨筠松为宗师，而江
西的名门贵族有的是，却没有曾、杨两家的后人。风
水先生连自己都顾不了，哪能会替别人消灾追福呢？
他在揭露风水迷信的危害时说：今江南豪门富家，有
为争夺风水宝地而互相拼杀或打官司的，弄得倾家荡
产，甚至灭门致死。将来的荫福尚属杳茫，而眼前的
灾祸却已落在头上，岂不愚蠢可悲。

　　黄宗羲是清初杰出的思想家，对风水深恶痛绝，
他认为风水是邪说，是骗人的鬼话，正人君子从不说
风水。在《读葬书问对》一文中，他着重批判了死人
能保佑活人的"鬼荫观念"。自古以来，不管是有神
论、神灭论，还是佛教的鬼不灭论，都没有敢说死人
的朽骨是有神灵的。而风水却硬说死人的朽骨有神灵，
能祸福子孙，这是不可信的。又说：死人的朽骨与活
人的骨骼互不干涉，活人的气血尚且不能通润全身，
如头发、指甲，剪掉不感到疼痛，是因为气血没有周
流，死后怎么能够流通子孙的身体呢？所以，"鬼荫之
说"是骗人的，而"鬼荫之说"不破，风水就不会

十四　风水迷信及古人对风水的批判

中止。

　　以上所述历史上对风水迷信的批判，一般说来是有说服力的。但由于时代的局限，不可能完全准确、完全符合现代科学的要求。他们是批判风水迷信的先驱，对促进中华社会文明是有贡献的。

参考书目

1. 秦蕙田：《五礼通考》，江苏巡抚采进本。

2. 杨树达：《汉代婚丧礼俗考》，《杨树达文集》，上海古籍出版社，1991。

3. 章景明：《先秦丧服制度考》，中华书局，1961。

4. 杨　宽：《中国古代陵寝制度史研究》，上海古籍出版社，1985。

5. 徐吉军等：《中国丧葬礼俗》，浙江人民出版社，1991。

6. 张捷夫：《中国丧葬史》，台北文津出版社，1995。

《中国史话》总目录

系列名	序号	书 名	作 者
物质文明系列（10种）	1	农业科技史话	李根蟠
	2	水利史话	郭松义
	3	蚕桑丝绸史话	刘克祥
	4	棉麻纺织史话	刘克祥
	5	火器史话	王育成
	6	造纸史话	张大伟　曹江红
	7	印刷史话	罗仲辉
	8	矿冶史话	唐际根
	9	医学史话	朱建平　黄　健
	10	计量史话	关增建
物化历史系列（28种）	11	长江史话	卫家雄　华林甫
	12	黄河史话	辛德勇
	13	运河史话	付崇兰
	14	长城史话	叶小燕
	15	城市史话	付崇兰
	16	七大古都史话	李遇春　陈良伟
	17	民居建筑史话	白云翔
	18	宫殿建筑史话	杨鸿勋
	19	故宫史话	姜舜源
	20	园林史话	杨鸿勋
	21	圆明园史话	吴伯娅
	22	石窟寺史话	常　青
	23	古塔史话	刘祚臣
	24	寺观史话	陈可畏
	25	陵寝史话	刘庆柱　李毓芳
	26	敦煌史话	杨宝玉
	27	孔庙史话	曲英杰
	28	甲骨文史话	张利军
	29	金文史话	杜　勇　周宝宏

系列名	序号	书　名	作　者
物化历史系列（28种）	30	石器史话	李宗山
	31	石刻史话	赵　超
	32	古玉史话	卢兆荫
	33	青铜器史话	曹淑芹　殷玮璋
	34	简牍史话	王子今　赵宠亮
	35	陶瓷史话	谢端琚　马文宽
	36	玻璃器史话	安家瑶
	37	家具史话	李宗山
	38	文房四宝史话	李雪梅　安久亮
制度、名物与史事沿革系列（20种）	39	中国早期国家史话	王　和
	40	中华民族史话	陈琳国　陈　群
	41	官制史话	谢保成
	42	宰相史话	刘晖春
	43	监察史话	王　正
	44	科举史话	李尚英
	45	状元史话	宋元强
	46	学校史话	樊克政
	47	书院史话	樊克政
	48	赋役制度史话	徐东升
	49	军制史话	刘昭祥　王晓卫
	50	兵器史话	杨　毅　杨　泓
	51	名战史话	黄朴民
	52	屯田史话	张印栋
	53	商业史话	吴　慧
	54	货币史话	刘精诚　李祖德
	55	宫廷政治史话	任士英
	56	变法史话	王子今
	57	和亲史话	宋　超
	58	海疆开发史话	安　京

系列名	序号	书　名	作　者
交通与交流系列（13种）	59	丝绸之路史话	孟凡人
	60	海上丝路史话	杜　瑜
	61	漕运史话	江太新　苏金玉
	62	驿道史话	王子今
	63	旅行史话	黄石林
	64	航海史话	王　杰　李宝民　王　莉
	65	交通工具史话	郑若葵
	66	中西交流史话	张国刚
	67	满汉文化交流史话	定宜庄
	68	汉藏文化交流史话	刘　忠
	69	蒙藏文化交流史话	丁守璞　杨恩洪
	70	中日文化交流史话	冯佐哲
	71	中国阿拉伯文化交流史话	宋　岘
思想学术系列（21种）	72	文明起源史话	杜金鹏　焦天龙
	73	汉字史话	郭小武
	74	天文学史话	冯　时
	75	地理学史话	杜　瑜
	76	儒家史话	孙开泰
	77	法家史话	孙开泰
	78	兵家史话	王晓卫
	79	玄学史话	张齐明
	80	道教史话	王　卡
	81	佛教史话	魏道儒
	82	中国基督教史话	王美秀
	83	民间信仰史话	侯　杰
	84	训诂学史话	周信炎
	85	帛书史话	陈松长
	86	四书五经史话	黄鸿春

系列名	序号	书名	作者	
思想学术系列（21种）	87	史学史话	谢保成	
	88	哲学史话	谷　方	
	89	方志史话	卫家雄	
	90	考古学史话	朱乃诚	
	91	物理学史话	王　冰	
	92	地图史话	朱玲玲	
文学艺术系列（8种）	93	书法史话	朱守道	
	94	绘画史话	李福顺	
	95	诗歌史话	陶文鹏	
	96	散文史话	郑永晓	
	97	音韵史话	张惠英	
	98	戏曲史话	王卫民	
	99	小说史话	周中明	吴家荣
	100	杂技史话	崔乐泉	
社会风俗系列（13种）	101	宗族史话	冯尔康	阎爱民
	102	家庭史话	张国刚	
	103	婚姻史话	张　涛	项永琴
	104	礼俗史话	王贵民	
	105	节俗史话	韩养民	郭兴文
	106	饮食史话	王仁湘	
	107	饮茶史话	王仁湘	杨焕新
	108	饮酒史话	袁立泽	
	109	服饰史话	赵连赏	
	110	体育史话	崔乐泉	
	111	养生史话	罗时铭	
	112	收藏史话	李雪梅	
	113	丧葬史话	张捷夫	

系列名	序号	书名	作者	
近代政治史系列（28种）	114	鸦片战争史话	朱谐汉	
	115	太平天国史话	张远鹏	
	116	洋务运动史话	丁贤俊	
	117	甲午战争史话	寇伟	
	118	戊戌维新运动史话	刘悦斌	
	119	义和团史话	卞修跃	
	120	辛亥革命史话	张海鹏	邓红洲
	121	五四运动史话	常丕军	
	122	北洋政府史话	潘荣	魏又行
	123	国民政府史话	郑则民	
	124	十年内战史话	贾维	
	125	中华苏维埃史话	温锐	刘强
	126	西安事变史话	李义彬	
	127	抗日战争史话	荣维木	
	128	陕甘宁边区政府史话	刘东社	刘全娥
	129	解放战争史话	朱宗震	汪朝光
	130	革命根据地史话	马洪武	王明生
	131	中国人民解放军史话	荣维木	
	132	宪政史话	徐辉琪	付建成
	133	工人运动史话	唐玉良	高爱娣
	134	农民运动史话	方之光	龚云
	135	青年运动史话	郭贵儒	
	136	妇女运动史话	刘红	刘光永
	137	土地改革史话	董志凯	陈廷煊
	138	买办史话	潘君祥	顾柏荣
	139	四大家族史话	江绍贞	
	140	汪伪政权史话	闻少华	
	141	伪满洲国史话	齐福霖	

系列名	序号	书名	作者
近代经济生活系列（17种）	142	人口史话	姜 涛
	143	禁烟史话	王宏斌
	144	海关史话	陈霞飞 蔡渭洲
	145	铁路史话	龚 云
	146	矿业史话	纪 辛
	147	航运史话	张后铨
	148	邮政史话	修晓波
	149	金融史话	陈争平
	150	通货膨胀史话	郑起东
	151	外债史话	陈争平
	152	商会史话	虞和平
	153	农业改进史话	章 楷
	154	民族工业发展史话	徐建生
	155	灾荒史话	刘仰东 夏明方
	156	流民史话	池子华
	157	秘密社会史话	刘才赋
	158	旗人史话	刘小萌
近代中外关系系列（13种）	159	西洋器物传入中国史话	隋元芬
	160	中外不平等条约史话	李育民
	161	开埠史话	杜 语
	162	教案史话	夏春涛
	163	中英关系史话	孙 庆
	164	中法关系史话	葛夫平
	165	中德关系史话	杜继东
	166	中日关系史话	王建朗
	167	中美关系史话	陶文钊
	168	中俄关系史话	薛衔天
	169	中苏关系史话	黄纪莲
	170	华侨史话	陈 民 任贵祥
	171	华工史话	董丛林

系列名	序 号	书 名	作 者
近代精神文化系列（18种）	172	政治思想史话	朱志敏
	173	伦理道德史话	马 勇
	174	启蒙思潮史话	彭平一
	175	三民主义史话	贺 渊
	176	社会主义思潮史话	张 武　张艳国　喻承久
	177	无政府主义思潮史话	汤庭芬
	178	教育史话	朱从兵
	179	大学史话	金以林
	180	留学史话	刘志强　张学继
	181	法制史话	李 力
	182	报刊史话	李仲明
	183	出版史话	刘俐娜
	184	科学技术史话	姜 超
	185	翻译史话	王晓丹
	186	美术史话	龚产兴
	187	音乐史话	梁茂春
	188	电影史话	孙立峰
	189	话剧史话	梁淑安
近代区域文化系列（11种）	190	北京史话	果鸿孝
	191	上海史话	马学强　宋钻友
	192	天津史话	罗澍伟
	193	广州史话	张 磊　张 苹
	194	武汉史话	皮明庥　郑自来
	195	重庆史话	隗瀛涛　沈松平
	196	新疆史话	王建民
	197	西藏史话	徐志民
	198	香港史话	刘蜀永
	199	澳门史话	邓开颂　陆晓敏　杨仁飞
	200	台湾史话	程朝云

《中国史话》主要编辑
出版发行人

总 策 划	谢寿光	王　正	
执行策划	杨　群	徐思彦	宋月华
	梁艳玲	刘晖春	张国春
统　筹	黄　丹	宋淑洁	
设计总监	孙元明		
市场推广	蔡继辉	刘德顺	李丽丽
责任印制	岳　阳		